ORTRUD GRIEB

WILD KRÄUTER IN TÖPFEN & KÜBELN

So wächst Natur auf dem Balkon

— PFLANZEN UND GENIESSEN

KOSMOS

INHALT

Gänseblümchen und Gundermann - ein paar Blüten davon kommen auf meinen Salat.

LEBEN IM KRÄUTERPARADIES

Es summt, Schmetterlinge tanzen durch die bunte Vielfalt, es duftet, um mich herum ist pralles Leben und ich sitze und staune. Da paaren sich schillernde Käfer, Vögel picken Samen und mein Marienkäfer braucht, glaube ich, eine Brille, denn er ist jetzt schon ein paarmal an der hellgrünen Blattlaus auf der Glockenblume vorbeigelaufen. Ich bin ganz gespannt, wann er sie findet.

Das Schauspiel beginnt Ende Februar, wenn die ersten Triebe kraftvoll aus der Erde drücken. Im März locken gelbe Blüten die Wildbienen zu mir. Den ganzen Sommer über entdecke ich Neues. Im Herbst leuchten rote und gelbe Blätter. Im Winter verzaubert der Reif … schnell die Kamera, ehe die Sonne ihn in Tropfen verwandelt.

Ursprünglich wollte ich nur wenige Wildkräuter zu mir auf Balkon, Terrasse und in den Garten holen, damit ich etwas ernten kann – ohne Hundekot, Straßendreck, Spritzmittel und lange Wege. Es wurde immer mehr, immer vielfältiger. Inzwischen bin ich völlig begeistert von der Wuchskraft und Lebendigkeit unserer heimischen Kräuter, die nicht nur in der Natur, sondern auch in Kübeln, Kästen und Töpfen einen unbändigen Lebenswillen entwickeln. Jeden Tag genieße ich das Eintauchen in mein Paradies, probiere hier ein Blättchen, dort eine Blüte und zupfe eine Handvoll Wildkräuter fürs Mittagessen. Am liebsten genieße ich die enorme Geschmacksvielfalt roh im Salat. Sogar im Winter ernte ich von den Immergrünen immer wieder Blätter und im Frühling freue ich mich riesig auf das frische, zarte Grün, das überall aus der Erde sprießt. Mein Instinkt scheint zu wissen, dass die Blättchen meinen wintermüden Körper auf Trab bringen.

Aber Stop, nicht alles aufessen! Viele Triebe sollen weiterwachsen dürfen, damit es blüht und fruchtet. Zum Glück vermehren sich „die Wilden“ problemlos selbst, sodass man kaum etwas nachkaufen muss. Überwintern dürfen sie draußen an Ort und Stelle, auch sonst sind sie total pflegeleicht, wenn ihnen nicht gerade ihr Kübel zu klein wird. Umpflanzen, düngen und gießen muss ich auch im Paradies. Aber es macht mir viel Spaß, mich ein wenig um meine wilden Kräuter zu kümmern – die Finger in der Erde, ein Lächeln im Gesicht.

Ortrud Grieb

MEIN BALKON

— *Ein Platz für Wildkräuter*

GUT GEPLANT IST DER HALBE ERFOLG

Sie wollen „Unkraut“ auf Ihrem Balkon anbauen? Naturbegeisterte Nachbarn werden sich freuen. Die Freunde hochgezüchteter, exotischer Balkonbepflanzungen aber könnten sich aufregen – über die Samen!

WAS IST ERLAUBT?

Zunächst einmal: Es ist erlaubt, heimische „Unkräuter“ in Pflanzgefäßen auf Balkon und Terrasse zu kultivieren – normalerweise auch in Mietwohnungen. Dabei dürfen unsere Pflanzen die Nachbarn nicht dauernd belästigen, der Hopfen zum Beispiel nicht zum Nachbarn rüberwuchern und das Gießwasser nicht allmorgendlich in die Kaffeetassen der unter uns Wohnenden tropfen. Es gibt aber auch Verbote, beispielsweise größere Bestände von Beifußblättrigem Traubenkraut *(Ambrosia)*, dessen Samen gern unter Vogelhäuschen keimen. Die Pollen wirken stark allergen. Anfassen sollte man die Pflanzen auch nicht – also nichts wie weg damit.

SICHERER STAND

Pflanzgefäße müssen sicher stehen und dürfen auch bei starkem Sturm nicht von Dä-

Vorsicht: Das Beifußblättrige Traubenkraut, auch unter dem Namen Ambrosie bekannt, kann allergische Reaktionen auslösen. Zum Jäten braucht man Handschuhe und Maske.

Wenn es die Statik zulässt, wähle ich gern große Gefäße. Eine gute Versorgung der Pflanzen mit Wasser und Nährstoffen gelingt darin besser als in kleinen Töpfen.

☞ GEWICHT VON PFLANZGEFÄSSEN

GEFÄSS (INNENMASSE)	SUBSTRAT (NASS)	GEWICHT	GEEIGNETE PFLANZEN
Kleine Obststeige (Mandarinen)	4–5 l Blumenerde mit Sand	6–7 kg	Aussaaten, Dachwurz, Feldsalat
Kunststofftopf: Ø 19 cm, H 20 cm	4–5 l Blumenerde mit Kompost	4–5 kg	Löwenzahn, Rote Lichtnelke, Lungenkraut
Balkonkasten aus Plastik: 60 cm	10–12 l Blumenerde	8–10 kg	Kriechender Günsel, Margerite, Bärlauch
Tontopf: Ø oben 28 cm, unten 16 cm, H 24 cm	10–12 l Gartenerde mit Kompost	20–28 kg	Dost, Königskerze, Andorn
Holzkasten: B, L, H jeweils 26 cm	15–20 l Blumenerde mit Kompost	22–26 kg	Borretsch, Guter Heinrich, Sauerampfer
Große Obst- oder Weinkiste: 48 × 38 cm, Flechtkorb: Ø 35 cm, H 30 cm	30–35 l Blumenerde mit Kompost	30–35 kg	Brennnessel, Giersch, Taglilie
Betonkübel: 90 × 40 × 40 cm	140–150 l Blumenerde	250–300 kg	Brombeere, Beinwell, Rose

chern, Fensterbrettern oder Balkonen fallen. Ungesichertes Aufstellen kann in Mietwohnungen sogar ein Kündigungsgrund sein. Für Fensterbretter und Balkongeländer gibt es Blumenkastenhalterungen, die man ohne Bohren anbringen kann (aber nicht in Dämmmaterial!). Dabei sollte man alterndes Material von Zeit zu Zeit überprüfen.

ERLAUBT'S DIE STATIK?

Normale Blumentöpfe, Balkonkästen und handliche Blumenkübel in nicht zu großer Zahl hält jeder intakte Balkon aus. Ein großer Betonkübel oder ein schweres Hochbeet können aber zum Einsturz von Balkonen und Dächern führen, vor allem, wenn im Winter viel Schnee fällt.

Balkone werden so konstruiert, dass sie 400 kg/m² tragen können. Wenn sie altern, entsprechend weniger. Flachdächer von Fertiggaragen halten 150 kg/m² aus – das reicht für eine Schicht Kies (oder Dachsubstrat) und den Schnee. Je höher der Wohnort, desto höher ist die Schneelast, die man bei der Planung einer Bepflanzung mit bedenken muss. Bei stabileren Flachdächern weiß der Statiker Bescheid.
Je größer die Gefäße sind, desto einfacher ist die Pflege der Pflanzen, aber desto härter auch das Umstellen der Kästen und Kübel. Denken Sie bei der Wahl der Gefäße auch an Ihren Rücken. Die Tabelle gibt Anhaltspunkte für Gewichte. Der zuletzt aufgeführte Kübel ist zu schwer für einen Balkon, eignet sich aber wunderbar für eine Terrasse, wenn man ihn nicht verschieben muss.

Sauerklee fühlt sich im Schatten am wohlsten.

WAS MÖCHTE ICH?

Folgende Fragen können helfen: Was möchte ich ernten? Soll es üppig blühen? Soll es duften? Soll es schön aussehen? Möchte ich Heilpflanzen auf meinem Balkon? Will ich möglichst viel Tiere beobachten? Sie haben alles mit „Ja“ beantwortet? Dort, wo man intensiv erntet, kann es nicht gleichzeitig immer üppig blühen und wunderschön aussehen, aber es gibt ja in Ihrem gemütlichen Wildkräuter-Paradies hoffentlich mehrere Kübel. Und noch etwas schränkt die Wünsche empfindlich ein: Wenn Sie einen Nordbalkon haben, werden Sonnenpflanzen sich nicht wohlfühlen, auf einem Ost- oder Westbalkon gedeihen sie eher. Ein Südbal-

BEDÜRFNISSE VON MENSCH UND PFLANZE

Wo Pflanzen sich wohlfühlen, wachsen sie gut und bleiben gesund. Uns Menschen zieht es dann beim Anblick unserer Schützlinge die Mundwinkel in die Höhe. Eine wohldurchdachte Planung hilft, diesen Zustand schnell zu erreichen. Dabei dürfen wir die eigenen Bedürfnisse nicht außer Acht lassen. Sogar leidenschaftliche Wildkräuterfans brauchen ausreichend Platz auf Balkon oder Terrasse, um die Pracht bei einem Glas eiswürfelgekühlter Kräuterlimonade zu genießen. Außerdem sollte uns das Ganze auch arbeitsmäßig nicht über den Kopf wachsen.

Auf einem Südbalkon gedeihen Dost und Schafgarbe, wenn sie bei Hitze regelmäßig einen Schluck Wasser bekommen.

☞ VERSCHIEDENE BEDÜRFNISSE – VON HEISS UND TROCKEN BIS SCHATTIG UND FEUCHT

PFLANZENBEISPIELE	LICHT	TEMPERATUR-ANSPRÜCHE	WASSER-BEDARF	ERDE
DOST *Origanum vulgare*	Sonne	hitzeverträglich	eher trocken	mäßig nährstoffreich
KARPATEN-GLOCKENBLUME *Campanula carpatica*	Sonne	nicht zu heiß	immer leicht feucht	kalkreich, mäßig nährstoffreich, gerne steinig
BÄRWURZ *Meum athamanticum*	Sonne	eher kühl	immer etwas feucht	humos, sandig, nährstoffarm, leicht sauer
SAUERAMPFER *Rumex acetosa*	Sonne, im Sommer gern Halbschatten	nicht zu heiß	immer leicht feucht	humos, nährstoffreich
BÄRLAUCH *Allium ursinum*	im Frühling Sonne, ab Mitte Mai Schatten	nicht zu heiß	im Frühling leicht feucht, im Sommer auch trocken	locker, humos, nährstoffreich, nicht zu sauer
SAUERKLEE *Oxalis acetosella*	Schatten	kühl	immer leicht feucht	sehr humusreich, aber nicht zu nährstoffreich, schwach sauer

kon wird trotz Schattierung für manche Pflanzen, die bei uns heimisch sind, zu heiß sein. Hier können wir auf mediterrane Kräuter ausweichen.

WAS MÖCHTEN DIE WILD-KRÄUTER?

Außer Wasser, Licht, Luft, Nährstoffen, Wärme, etwas Platz und ein geeignetes Substrat zur Wurzelverankerung brauchen Wildkräuter nichts. Gelegentlich wird's aber trotzdem schwierig. Einige lieben sonnige, trockene und steinige Lebensräume, andere bevorzugen kühlen Schatten und immer feuchte, humusreiche Erde. Wieder andere brauchen saure, humose Erde und viel Sonne, aber bloß nicht zu heiß. Setzt man Pflanzen mit total unterschiedlichen Ansprüchen gemeinsam in einen Balkonkasten, hat man schon verloren: Mindestens eine davon wird eingehen. Wenn wir eine bestimmte Pflanze haben möchten, müssen wir ihr rundherum ihre Lieblingsumgebung schaffen, damit wir unsere Freude an ihr haben. Dabei können sich manche Pflanzen besser anpassen, andere schlechter. Gerade unter den Wildpflanzen gibt es viele, die extrem hart im Nehmen sind und so ziemlich alles mitmachen. Aber wenn wir regelmäßig ernten wollen, sollten die Pflanzen schnell wachsen und viele zarte Blätter bilden. Das geht nur, wenn sie sich wohlfühlen.

KÜBEL, KÄSTEN & CO.

Zum Bepflanzen eignen sich alle Gefäße, die stabil genug sind und unten Löcher haben, zum Beispiel Weinkisten, alte Töpfe, Schubkarren, Flechtkörbe und natürlich die üblichen Pflanzgefäße.

Das Wichtigste bei jedem Gefäß sind die Löcher unten am Boden für den Wasserabfluss. Flache Gefäße wie Tonschalen oder alte Schubladen trocknen schnell aus, eignen sich aber für Überlebenskünstler wie Hauswurz. Hohe Gefäße wie Rosentöpfe enthalten bei gleichem Platzbedarf viel mehr Erde, sodass sich auch anspruchsvolle Pflanzen darin wohlfühlen. Große Kübel, die häufig bewegt werden sollen, brauchen Rollen, Griffe, Schlaufen oder Ähnliches.

DIE PASSENDE GRÖSSE

Je größer eine Pflanze in der Natur wird, desto größer sollte das Gefäß sein, schon allein, damit es nicht kippt. Dabei gibt es genügsame Pflanzen wie die Dachwurz, die mit weniger Erde auskommen, als man denkt – ein löchriger Eierbecher reicht. Anpassungsfähige Überlebenskünstler wie Gänsefuß oder Klatschmohn können das auch, sie bleiben dann aber winzig. Je mehr Erde und Nährstoffe sie bekommen, desto größer werden sie. Und dann gibt es die anspruchsvollen Pflanzen wie Giersch oder Brennnessel, die viele Nährstoffe und auch etwas mehr Erde brauchen, als man denkt. Je einfacher man sich die Pflege machen möchte, desto größer wählt man das Gefäß, denn in großen Kübeln fallen Pflegefehler weniger ins Gewicht. In kleinen Töpfen müssen Erde, Nährstoff- und Wasserversorgung optimal stimmen. Die Tabelle auf Seite 9 hilft bei der Planung. Übrigens steht bei größeren Pflanzgefäßen die Literangabe auf der Bodenunterseite.

MATERIAL

Von Kunststoff über Jute, Metall, Ton, Holz oder Beton ist alles möglich.

Kunststoff ist leicht und kostengünstig, Recyclingkunststoff hat sogar eine gute Ökobilanz. Mit Glasfaser verstärkter Kunststoff, das sogenannte Fiberglas, ist teuer, aber fast unverwüstlich. Die Oberfläche von Kunststoffen wird durch UV-Licht rau und bleicht aus. In dieser Hinsicht gibt es jedoch starke Qualitätsunterschiede. Alte Eimer oder Plastikwannen geben eventuell Weichmacher ab und zerbröseln im UV-Licht.
Faltbare Gefäße aus Jute oder Kunststoff-Filz, sogenannte Pflanztaschen oder -säcke, gibt es in verschiedenen Größen und Farben. Sie sind leicht und bei Nichtgebrauch extrem platzsparend , trocknen jedoch schnell aus.
Cortenstahl und Edelstahl sind ewig haltbar, aber teuer. Günstiger, aber nicht ganz so unverwüstlich sind Gefäße aus feuerver-

zinktem Stahl. Vielleicht haben Sie auch eine alte Zinkwanne, die Sie anbohren können. Auch große Blechdosen eignen sich.
Ton und Terrakotta sind im Freien auf Dauer nicht frosthart, aber das südliche Flair ist unwiderstehlich. Bei 1200 °C gebrannte Keramikgefäße sind zwar frosthart, platzen jedoch auseinander, wenn Wasser darin steht und gefriert.
Holz verrottet im Lauf der Jahre, nur das Kernholz von Eiche, Esskastanie oder Robinie hält 20 Jahre, ist aber teurer als beispielsweise Fichte. Kesseldruckimprägnierte Gefäße halten lange, enthalten aber Schadstoffe. Flechtkörbe, Paletten oder Wein- und Obstkisten überleben mit Folie ausgeschlagen unter Dach 20 Jahre, im Regen gehen sie relativ schnell kaputt.
Beton-Gefäße sind sehr schwer, aber haltbar und oft nicht allzu teuer. Mit Zugabe von Fiberglas kann man die Faserbeton-Gefäße dünnwandiger herstellen. Mit Zuschlägen wie Perlit werden sie leichter. Was die Nachhaltigkeit angeht, sind sie das Schlusslicht.
Tipp: Bereits vorhandene Gefäße sparen die meisten Ressourcen. Gärtnereien geben Transportgefäße oft umsonst ab.

FOLIE IST NICHT GLEICH FOLIE!

Wenn ich Gefäße verwenden möchte, die Schadstoffe abgeben könnten oder Erde durchrieseln lassen, schlage ich sie mit Folie aus – unten das Loch nicht vergessen! Dazu verwende ich Teichfolie aus PE-LD oder EPDM, beide sind weich und lassen sich in jede Gefäßform falten. Man kann sie immer wieder verwenden. Für große Kübel eignet sich Hochbeet-Noppenfolie, für kleine Gefäße ist sie zu sperrig. Müllsäcke, Plastiktüten oder PVC-Folien eignen sich nicht, denn sie geben Weichmacher ab.

Tontöpfe sind günstig und wunderschön, nur bei Frost platzen durch gefrierendes Wasser leicht Scherben ab.

Aus Holz lassen sich Pflanzgefäße selbst bauen und upcyceln. Unter Dach verrotten sie langsamer.

Ein ausrangierter Flechtkorb? Mit Folie ausgeschlagen beginnt er ein zweites Leben als trendiges Pflanzgefäß.

NATÜRLICHE HÄNGEAMPEL AUS ÄSTEN

Bevor schöne Äste irgendwo im Schredder landen, baue ich gern was daraus. Birke hält nicht ewig, sieht aber bezaubernd aus.

01

02

03

04

01 Hier habe ich 21 etwa 2,5 cm dicke Äste auf 26 cm Länge gesägt. Bei 16 Ästen bohre ich jeweils 2 cm vom Rand entfernt ein 6 mm dickes Loch.

02 Die Äste fädele ich so zusammen, dass die schönsten sichtbar bleiben. Das Ende des alten Zeltstricks habe ich mit Feuer verbacken, damit ich es gut durch die Löcher fädeln kann. Unter den zwei unteren Querästen brauche ich dicke Knoten, damit der Strick hält. Die Bodenäste lege ich ohne Befestigung ein.

03 Ich tackere ein Stück ausrangierten Stoff als Auskleidung innen an die Äste, dabei tackere ich die Bodenäste mit fest. Um den Rand kommt ein Stück Folie, nur unten nicht, denn dort soll das Wasser ablaufen können.

04 Am Schluss fülle ich Erde ein, pflanze, hänge auf, gieße und freu mich. Das bepflanzte Gefäß sehen Sie auf Seite 13.

PFLANZGEFÄSS AUS HYPERTUFA

Lust auf kreative Handarbeit? Sie brauchen einen sauber mit Folie ausgeschlagenen, stabilen Karton und Temperaturen zwischen 5 und 25 °C.

01

02

03

04

01 Ich mische 1/3 Kokosfasern, 1/3 Perlit und 1/3 Zement mit so wenig Wasser, dass der Beton sich wie Brotteig bearbeiten lässt.

02. Wir haben Farbpigmente hineingerührt, ohne sieht's aber auch super aus.

03 Wir ölen die Folie mit Speiseöl und tragen den Beton 4 bis 5 cm dick auf Boden und Wände auf (besser Handschuhe tragen!). Im Boden stecken Korken für die Wasserabzugslöcher. Da die Wand an einer Seite sackt, füllen wir das Innere mit Steinen und Sand. Dann härtet alles zwei Wochen im Schatten aus.

04 Nach dem Ausschalen feilen wir das Gefäß so rund, wie es uns gefällt.

FASZINATION NATUR

Man muss sich an eine Bepflanzung mit heimischen Wildpflanzen vielleicht erst gewöhnen. Ihre Schönheit ist zart, summend, spannend für Nase und Gaumen und vor allen Dingen extrem lebendig.

Viele der essbaren Wildkräuter in diesem Buch gelten als „Unkräuter" und werden inbrünstig bekämpft, frei nach dem Motto „Löwenzahn geht gar nicht, Forsythie ist wunderschön". Insekten sehen das anders, denn Forsythien bieten im Gegensatz zu Löwenzahn weder Pollen noch Nektar.

VOM AUSSTERBEN BEDROHT

Ein Großteil unserer „Acker-Unkräuter" ist vom Aussterben bedroht, zum Beispiel die Acker-Ringelblume, der Acker-Schwarzkümmel oder der Gewöhnliche Frauenspiegel. Auch alte Heil- und Gemüsepflanzen wie Guter Heinrich, Eibisch oder Wermut, die früher in „unordentlichen" Ecken der Dörfer zu Hause waren, stehen auf der Roten Liste. Bunte Wiesen mit Margeriten, Großem Bocksbart, Glockenblumen oder Kuckuckslichtnelken werden selten. Es macht Spaß, auf Balkon und Terrasse dagegenzusteuern und diese wunderbaren Pflanzen zu erhalten.

TIEREN EINE HEIMAT GEBEN

Insekten freuen sich über heimische Pflanzen, denn da gibt's in der Regel Kinderstuben und reichlich zu fressen. Sehen Sie nur die goldschwarz gestreifte Hainschwebfliege an der Vogelmiere. Jetzt schwebt sie vor meiner Nase und lässt sich dann vertrauensvoll auf meinem Finger nieder – zartes, wundervolles Federgewicht. Anfang Februar hat sie bereits Nektar an der Roten Taubnessel ge-

Blühende Wildkräuter locken Bienen aller Art an. Es gibt immer viel zu staunen.

Der Klatschmohn beginnt um 5 Uhr, seine Blüten zu entfalten. Morgens um 8:30 Uhr hat er am meisten Pollen.

Die Taubnessel blüht hier Mitte Februar. Ihre Samen können im Boden 600 Jahre überdauern.

Die Feldwespe sucht Läuse auf der Königskerze. Zwetschgenkuchen mag diese Wespenart nicht.

trunken – ein Glück, dass die Blüten schon offen waren. Ihre Larven sehen übrigens aus wie Mini-Walrösser und fressen am Ende ihrer Laufbahn jeweils hundert Blattläuse pro Tag. Hoffentlich finden sie auf meiner Terrasse genug Läuse, denn fliegen können sie erst später wieder. Für den Kleinen Perlmuttfalter habe ich die niedlichen Acker-Stiefmütterchen gesät, denn dort legt er seine Eier am liebsten.

DIE KRÄUTER-UHR

Viele Wildpflanzen produzieren nur zu bestimmten Tageszeiten Nektar, obwohl ihre Blüten immer offen sind. Insekten wissen genau, wo der Nektar gerade fließt und sparen so viele Flugkilometer. Die Bestäubung funktioniert auf diese Weise besser. Andere Arten öffnen und schließen sogar ihre Blüten zu bestimmten Tageszeiten – beobachten Sie mal Wiesen-Bocksbart, Löwenzahn, Nachtkerze, Sauerklee, Acker-Ringelblume oder Wegwarte. Wenn allerdings die Vogelmiere ihre Blüten schließt, bedeutet das herannahenden Regen. Diesen können Sie auch riechen, denn vor einem Regen duften viele Pflanzen besonders stark.

BEWUNDERNSWERTE LEBENSKRAFT

Ein Prachtexemplar einer Vogelmiere kann 15 000 Samen bilden. Bei drei Generationen, die die Vogelmieren im Jahr schaffen, sind das am Ende des Jahres drei Billionen Samen, aber nur theoretisch, denn Vogelmiere schmeckt schließlich lecker! Vogelmiere-Samen überdauern im Boden bis zu 600 Jahre lang und keimen in dieser Zeit nach und nach. Sogar abgerissene Triebe können wieder Wurzeln bilden und anwachsen. Andere Wildkräuter sind ähnlich lebenslustig – prall und quicklebendig zum Staunen und Genießen.

BALKONGARTEN-PRAXIS

— *Wildkräuter pflanzen, pflegen & ernten*

PFLANZUNG & PFLEGE

Viele Wildkräuter sind echte Überlebenskünstler, aber alles überleben sie nicht. Hier das wichtigste Know-how, damit Ihr Wildkräuter-Daumen so richtig dunkelgrün wird.

Wählen Sie das Gefäß ausreichend groß. Im Porträtteil ab Seite 78 und in der Liste ab Seite 116 steht „Topf“ für wenig Erdbedarf, „Balkonkasten“ für mittleren Erdbedarf und „Kübel“ für größeren Erdbedarf. In kleinen Töpfen brauchen Sie keine Drainageschicht, in größeren Kübeln ist sie aber wichtig, es sei denn, das Gefäß hat einen sehr durchlässigen Boden. Jedes Gefäß braucht Wasserabzugslöcher.

DRAINAGE

Unten in Pflanzgefäßen muss überschüssiges Wasser gut abfließen. Bleibt Wasser in der Erde stehen, ersticken und faulen die Wurzeln, bei stärkerem Frost platzen starre Gefäße. Auch in Untertöpfen sollte nie länger Wasser stehen. Zum Drainieren fülle ich unten wasserdurchlässiges Material wie Blähton, Perlit, Tonscherben, Steine oder Kies ein. Erstere sind leicht und eignen sich für Balkonkästen und Dachbepflanzungen, Letztere sind schwer und machen Töpfe standfest. Über die Drainageschicht lege ich ein Vlies, damit keine Erde hineinrieselt.

ERDE

Welche Erde geeignet ist, richtet sich nach den Pflanzen. Normale Gartenerde wird im Pflanzgefäß durchs Gießen hart und ist dadurch doppelt so schwer wie gekaufte Blumenerde. Manche Pflanzen wie Breitwegerich, Dost oder Schafgarbe stört das wenig, die allermeisten wachsen aber in lockerer Erde besser, denn die Wurzeln brauchen immer frische Luft zum Atmen. Gartenerde speichert das Wasser nicht besonders gut, sodass man häufig gießen muss.

ERDE SELBST MISCHEN

Wenn man die Gartenerde 1:1 mit gut verrottetem Kompost mischt, ist sie besser geeignet, denn der Humus im Kompost speichert Wasser und macht die Erde luftiger. Er bringt aber auch viele Nährstoffe mit, für manche Pflanzen zu viele. Mit Zuschlagstoffen kann man die Nährstoffe verdünnen und die Erde luftiger, leichter oder schwerer machen. Kokosfasern haben außerdem eine gute Wasserhaltefähigkeit. Zur Füllung größerer Gefäße sind selbst gemischte Erden prima geeignet. Je kleiner das Gefäß ist, desto wichtiger ist die optimale Erde, d. h., man kauft dann besser eine Qualitätserde.

ERDE KAUFEN

Erden mit schlechter Qualität verschlämmen beim Gießen und fallen in sich zusammen – sie sind ungeeignet. Gut geeignet sind hochwertige Allzweck-Blumenerden – möglichst bio und torffrei, auch wenn sie etwas teurer sind. Diese Universalerden enthalten

01

02

03

STANDARDMISCHUNG SELBST MISCHEN

1. 1/3 dunkle Gartenerde (oder Maulwurfserde)
2. 1/3 Kompost (oder Blumenerde)
3. 1/3 Zuschlagstoffe wie Kokosfaser, Blähton, Perlit, Lavagranulat oder Sand

Abwandlung der Standardmischung

1. **Für Kalkliebende:** plus 1 Esslöffel gemahlener Kalk pro 10 Liter Erde
2. **Für Nährstoffhungrige:** Kompostanteil erhöhen (bis zu 100 % bei Brennnessel) plus evtl. 2 Esslöffel Hornmehl pro 10 Liter Erde
3. **Für Hungerkünstler:** statt Gartenerde Sand oder Kokosfaser – oder Gartenerde 1:1 mit Kokosfaser oder Sand mischen

anfangs viele Nährstoffe, die aber nach vier bis sechs Wochen verbraucht sind. Bei Erden mit Depotdünger reichen die Nährstoffe drei bis vier Monate. Für große Gefäße eignen sich auch die gröberen Pflanzerden. Kräutererden enthalten wenig Nährstoffe, was anspruchslose Arten wie Thymian oder Dachwurz mögen. Moorbeeterde ist sauer und nur für Säureliebhaber wie Bärwurz, Heidelbeeren oder Heidekraut nötig. Leicht und langlebig sind Dachsubstrate für die Intensivbegrünung, die man aber für Aussaaten je nach Dachsubstrat mit Blumenerde mischen sollte, damit feine Samen beim Gießen im groben Dachsubstrat nicht zu

01 Jedes Gefäß braucht Wasserabzugslöcher.

02 Löcher mit Steinen abdecken. 1 bis 2 cm Blähton daraufgeben.

03 Zwischen Blähton und Erde ein Kunststoffvlies legen.

weit nach unten gespült werden. Wer keine Ausgaben scheut, kann eine Erde aus Terra Preta, fruchtbarem Schwarzerde-Kultursubstrat, kaufen (auf EBC Zertifikat achten). Die normalen Blumenerden sollte man in der Regel nach zwei bis drei Jahren ersetzen oder mit gutem Kompost im Verhältnis 1 : 1 mischen. Inzwischen gibt es zertifizierten, schadstoffgeprüften Kompost zu kaufen – oft auch auf Recyclinghöfen.

ERDE LAGERN

Wenn man Blumenerde kühl und trocken in der verschlossenen Packung lagert, kann man sie auch im nächsten Jahr noch nutzen. Danach nimmt der Nährstoffgehalt ab, was nur den „Hungerkünstlern“ keine Probleme bereitet.

JUHU, ENDLICH PFLANZEN!

Die beste Pflanzzeit ist von März bis Mai. Viele Frühlingsblüher pflanze ich aber bereits im Herbst, denn während der Blütezeit wachsen Pflanzen schlecht an. Die Pflanzabstände finden Sie im Porträtteil (ab S. 78).

SO GEHT'S

Zunächst fülle ich das Pflanzgefäß so hoch mit Erde, dass ich lose Wurzeln und Ballen bequem darin versenken kann, den Rest der Erde fülle ich später um die Pflanzen herum. Pflanzen aus Gärtnereien werden mit ihrem Ballen so tief eingepflanzt, wie sie vorher standen, Pflanzen aus eigener Teilung ebenfalls, dabei sollen die Wurzeln alle ausgestreckt ins Pflanzloch passen. Wenn ich die Pflanzen am Schluss leicht andrücke, steht die Erde so hoch, dass ein Gießrand bleibt. Jetzt noch kräftig angießen, damit Erde an die Wurzeln gespült wird. Pflanzen, die keinen Ballen hatten, stelle ich in der ersten Woche schattig und halte die Erde gleichmäßig feucht. Sobald sich frische Blätter und Triebe bilden, sind sie angewachsen und können allmählich wieder Sonne und trockenere Erde vertragen.

01 Erwartungsfrohe Frühlingsarbeit: das Pflanzen

02 Kräuter mit ähnlichen Standortansprüchen

SINNVOLL BEWÄSSERN

Die meisten Pflanzen mögen es, wenn die Erde immer leicht feucht ist. Oberflächlich sollte sie aber etwas abtrocknen, bevor wir wieder gießen – leicht feucht heißt nicht klatschnass. Wasser, das nach dem Gießen im Untersetzer steht, sollte nach ein bis zwei Stunden aufgesogen sein. Einige Pflanzen

03 Angießen mit reichlich Wasser – noch besser am Endstandort, da nasse Erde schwer ist.

ziehen trockene Erde vor, sie darf aber nie völlig austrocknen. An sonnigen Standorten kann man die Erde mit Steinen, Lavagrus und unter hungrigen Pflanzen auch mit klein geschnittenen Blättern abdecken, damit das Wasser nicht so schnell verdunstet. Wer nur einmal pro Woche gießen möchte, kann Pflanzgefäße mit Wasserreservoir wählen. Kurze Urlaubszeiten lassen sich mithilfe von kleinen Bewässerungshilfen wie Bördys überbrücken, an windgeschützten Ecken auch mit Flaschen auf Tonkegeln. Für längere Urlaubszeiten oder Gießfaule eignen sich Blumat-Tonkegel, solarbetriebene Bewässerungssysteme am Wasserfass oder andere Tropfbewässerungen, die man sogar per App steuern kann. Da sie nicht immer exakt funktionieren, ist aber Kontrolle nötig.

DAS BESTE WASSER

Regenwasser bekommt den Pflanzen sehr gut. Leitungswasser kann so hart sein, dass säureliebende Pflanzen davon eingehen.

DIE KUNST DES DÜNGENS

Pflanzen sagen Bescheid, wenn sie leiden oder Hunger haben. Leider sprechen sie eine völlig andere Sprache als wir. Wenn Sie selber Erde gemischt haben, ist der Nährstoffgehalt dieser Erde ungewiss. Die Nährstoffe aus dem Kompost werden allmählich vom Bodenleben freigesetzt.
Nährstoffhungrige Pflanzen brauchen, wenn das Bodenleben nicht schnell genug arbeitet, in der Hauptwachstumszeit von April bis August etwa wöchentlich einen Schluck Bio-Flüssigdünger – dabei die Angaben des Herstellers beachten, Dosierung nie überschreiten und nie auf trockene Erde düngen. In vielen gekauften Blumenerden sind die Pflanzen nach vier bis sechs Wochen bzw. nach drei bis vier Monaten voll auf diese Düngung angewiesen. Pflanzen, die mittelmäßig viele Nährstoffe brauchen, kommen leichter mit den Nährstoffen aus dem Kompost zurecht. Sie erhalten bei mir über Sommer etwa alle zwei Wochen einen kleinen Schluck Flüssigdünger, spätestens dann, wenn sie bedürftig aussehen. Die

VIELFRASSE UND HUNGERKÜNSTLER

01 Brennnessel

02 Margerite

03 Tauben-Skabiose

01

Sehr hungrige Pflanzen
— Beinwell, *Symphytum officinale*
— Brennnessel, *Urtica dioica*
— Giersch, *Aegopodium podagraria*
— Guter Heinrich, *Chenopodium bonus-henricus*
— Wilde Malve, *Malva sylvestris*
— Vogelmiere, *Stellaria media*

02

Normal hungrige Pflanzen
— Bärlauch, *Allium ursinum*
— Essig-Rose, *Rosa gallica*
— Franzosenkraut, *Galinsoga parviflora*
— Margerite, *Leucanthemum vulgare*
— Sternmiere, *Stellaria holostea*

03

Hungerkünstler
— Bärwurz, *Meum athamanticum*
— Hauswurz, *Sempervivum*
— Heide-Nelke, *Dianthus deltoides*
— Skabiose, *Scabiosa columbaria*
— Steppen-Salbei, *Salvia nemorosa*
— Thymian, *Thymus pulegioides*

ALLESKÖNNER

Melde, Gänsefuß, Königskerze, Acker-Stiefmütterchen und Echtes Leinkraut kommen mit wenigen oder vielen Nährstoffen zurecht.

Hungerkünstler brauchen in der Regel keinen Dünger, im Gegenteil, in zu nährstoffreicher Erde werden sie leichter krank. Organische Dünger wie kompostierter Kaninchendung funktionieren nur in großen Kübeln, in kleinen Gefäßen ist das nötige Bodenleben nicht aktiv genug.

ORDNUNG SCHAFFEN

Im Herbst und Winter lasse ich viel Chaos auf Balkonien zu. Erst im Frühling kurz vor dem Neuaustrieb räume ich auf und entferne dabei alte Stängel und Blätter. Häufig tauchen dabei Tiere auf, die hier überwintert haben. Über Sommer schneide ich manche Pflanzen nach der Blüte zurück, damit sie wieder kräftig nachtreiben, oft blühen sie dann noch einmal. Auch Krankes entferne ich, nur im Herbst nicht, denn da sind die meisten Krankheiten harmlos.

ÜBERWINTERUNG

Unsere heimischen Wildpflanzen sind frosthart, auch die Wurzeln, trotzdem kann es zu Ausfällen kommen. Wenn die Erde im Gefäß gefriert, können sich große Eiskristalle bilden, die Erde und Wurzeln mit Macht auseinanderdrücken. Dabei können Wurzeln abreißen und Tontöpfe platzen. Wenn die Sonne im Frühling kräftig scheint, sodass Immergrüne wie die Königskerze loswachsen wollen und Wasser verdunsten, verdursten sie, wenn die Wurzeln aus der gefrorenen Erde im Kübel noch kein Wasser saugen können. Besonders stressig für die Pflanzen ist der häufige Wechsel zwischen Auftauen und Einfrieren. All dem beuge ich vor, indem ich die kleinen Gefäße über Winter möglichst eng zusammen und schattig stelle. Im Schatten treiben sie auch im Frühling nicht allzu früh aus. Gefäße, die unter Dach stehen, brauchen im Winter alle

Kleine Tiere überwintern gern in dürren Stängeln. Wenn sie erst im späten Frühjahr zurückgeschnitten werden, können die Insekten in Ruhe schlüpfen..

drei bis vier Wochen bei frostfreiem Wetter etwas Wasser, damit sie nicht austrocknen. Trockenliebhaber wie Stauden-Lein sterben über Winter aber eher an zu viel Feuchtigkeit als an Trockenheit.

Pflanzen verstehen

1. **Blätter hängen schlapp herab:** „Ich habe Durst" oder „Meine Wurzeln faulen" oder „Bin total überdüngt"
2. **Blätter rascheln:** „Zu spät, bin verdurstet"
3. **Ältere Blätter werden gelb:** „Ich brauche Stickstoff-Dünger" oder „Ich bin zu alt"
4. **Viele weiche, dunkelgrüne Blätter, kaum Blüten:** „Das war zu viel Stickstoff"
5. **Helle, gelbliche Blätter:** „Ich habe Hunger" oder „Es wird Herbst"
6. **Pflanzen wachsen zu sehr in die Höhe (vergeilen):** „Hilfe, ich will Licht"
7. **Pflanzen kippen um:** „Zu viel Dünger, zu wenig Licht, zu viel Wind, Schwanz vom Hund"
8. **Rötliche Blätter:** „Puh, war das eisig" oder „Ich brauche Phosphor"
9. **Pflanzen bleiben mickrig**: „Ein Königreich für einen größeren Topf"

WILDKRÄUTER VERMEHREN

Wildkräuter vermehren sich gern selbst, wenn sie sich wohlfühlen. Wer ihre Ausbreitung beschleunigen möchte, sollte die zur Pflanzenart passende Vermehrungsart wählen, damit es klappt.

WILDKRÄUTER AUSSÄEN

Bevor ein Samen keimen kann, muss er zunächst quellen. Dann erscheint die Keimwurzel, verankert sich im Boden, und am Schluss schieben die Blätter gen Himmel. Während der Keimung ist immer Feuchtigkeit nötig, aber auch Luft, denn die Keimwurzel muss atmen. Außerdem spielt Wärme eine Rolle. Herbstkeimer keimen besonders gern, wenn der Boden allmählich abkühlt (Klatschmohn, Kornblume), Frühjahrskeimer lieber, wenn der Boden allmählich warm wird (Beinwell). Frühsommerkeimer brauchen Wärme (Franzosenkraut, Gänsefuß). Den Ganzjahreskeimern ist die Temperatur egal, nur Frost ist hinderlich (Rote Taubnessel, Vogelmiere). Natürlich gibt es immer Samen, die sich irren. Manche Frühjahrskeimer, die irrtümlich schon im Herbst keimen, erfrieren dann oft im Winter (Hohlzahn).

KALTKEIMER

Diese Samen brauchen nach der Quellung eine Kälteperiode, damit keimhemmende Stoffe im Samen abgebaut werden (Echte Schlüsselblume, Waldmeister, Guter Heinrich). Ich säe sie im Herbst, Winter oder zeitigen Frühjahr und stelle die Saatkiste zunächst warm, damit die Samen quellen. Nach etwa zwei Wochen stelle ich sie raus in die Kälte. Auch draußen sollte die Erde immer leicht feucht sein.
Für die Kaltkeimer braucht man Erde ohne Unkrautsamen, denn zwischen den schnell keimenden Unkräutern würde man die langsam keimenden Kaltkeimer später nie mehr finden. Die meisten Kaltkeimer keimen nach einigen Wochen, manche aber auch erst im Folgejahr.

LICHT- UND DUNKELKEIMER

Der Große Wiesen-Bocksbart keimt gern im Dunkeln, Franzosenkraut, Gänseblümchen und Vogelmiere nur im Licht, anderen ist die Beleuchtung egal. Die Lichtkeimer decke ich mit einer hauchzarten Sandschicht, dünnem Vlies oder gar nicht zu. Zum Feuchthalten der Samen sprühe ich sie häufig mit Wasser ein. Normalkeimer bedecke ich mit einer 4 bis 5 mm dicken Erd- oder Sandschicht, das Feuchthalten ist dann viel einfacher. Vorsichtiges Sprühen ist auch hier besser als Gießen. Dunkelkeimer säe ich 2 cm tief.

ÜBERLIEGER

Viele Wildkräuter überliegen gerne, das bedeutet, es keimt nur ein Teil der Samen, die anderen bleiben im Boden liegen

01

02

03

(Hohlzahn, Knoblauchsrauke, Taubnesseln). Wundern Sie sich also nicht, wenn irgendwo etwas keimt, was sie bereits vor zehn Jahren ausgesät haben. Mit dieser schlauen Strategie überleben diese Pflanzenarten besonders schlechte Zeiten.

WILDKRÄUTER TEILEN

Viele mehrjährige Wildkräuter lassen sich während der Vegetationspause im Frühling oder Herbst prima teilen. Im Porträtteil (ab S. 78) finden Sie Hinweise darauf, wie Sie die einzelnen Arten teilen können.
Beim Teilen verletzen wir die winzigen, äußerst zerbrechlichen Feinwurzeln, die zur Wasseraufnahme dienen. Mit den dicken, für uns sichtbaren Wurzeln können die Pflanzen kein Wasser aufsaugen.
Nach der Pflanzung dauert es mindestens eine Woche, bis die Pflanzen neue Feinwurzeln bilden und wieder „trinken" können. In dieser Zeit stellen wir die frisch Geteilten schattig und kühl, aber nicht eiskalt. Wenn wir viele Wurzeln verletzt haben und die Pflanze grüne Blätter hat, schneiden wir

01 Als Aussaaterde mische ich Kompost 1:1 mit Sand. Für die Kaltkeimer sterilisiere ich die Mischung 20 Minuten bei 180 °C im Backofen. In der Aussaatkiste drücke ich die Erde leicht an und ziehe sie glatt.

02 Es kommen mehrere Arten in eine Schale – hier lauter Kaltkeimer. Pflanzen mit großen Keimlingen wie Beinwell säe ich mit 2 bis 3 cm Abstand, Pflanzen mit zarten Keimlingen wie Waldmeister mit 1 cm Abstand.

03 Die Samen bestreue ich mit Sand, jede Art so dick, wie sie es braucht. Dann drücke ich den Sand an und sprühe, bis alles gut feucht ist. Zuerst stelle ich das Gefäß warm, danach kalt und immer leicht feucht. Unter dem Schnee sind die besten Bedingungen für Kaltkeimer.

Die Knoten dieses unterirdischen Ausläufers sind bereits bewurzelt, erste Triebe sprießen.

Beim Teilen kompakt wachsender Pflanzen brauche ich manchmal Gewalt, wie hier beim Dost. Er nimmt es nicht übel.

diese teilweise zurück, damit nicht so viel Wasser durch die Blätter verdunstet. Die Pflanze braucht aber noch genug Grün zur Energiegewinnung. Blühende Pflanzen teilen wir nicht, denn in der Blütezeit bilden Pflanzen ungern neue Wurzeln. Sie leiden in dieser Zeit ähnlich wie wir Menschen ein bisschen unter hormonellem Irrsinn.

DIE WUCHSFORM ENTSCHEIDET

Bei Pflanzen mit unterirdischen Ausläufern wie Brennnessel, Giersch, Minzen oder Waldmeister teilen wir Stücke der Ausläufer ab und legen sie wieder in die Erde. Die Teilstücke müssen mindestens einen Knoten haben, damit wieder Wurzeln und Blätter treiben können.
Von Pflanzen mit oberirdischen Ausläufern wie Walderdbeere, Kriechendem Günsel oder Gundermann knipsen wir bewurzelte Ausläufer ab und topfen sie ein. Das ist sehr einfach und geht auch im Sommer.
Kompakt wachsende Pflanzen wie Dost, Margerite, Primel oder Taglilie graben wir aus und zerschneiden sie so, dass jedes Teilstück noch einige Blätter oder mindestens drei Knospen hat.
Bei Zwiebel- und Knollenpflanzen wie Bärlauch oder Scharbockskraut ist die Teilung kinderleicht. Solange sie im Boden ruhen, können wir die Zwiebeln oder Knollen einfach woanders hinlegen. Manche Pflanzen wie Thymian oder Sternmiere bewurzeln an den Stellen, wo die Triebe auf der Erde liegen. Diese bewurzelten Triebe kann man dann abschneiden und neu topfen.

ABENTEUER KOPFSTECKLING

Kopf ab und stecken? Das klappt nicht bei allen Pflanzen, aber bei Thymian, Minzen

Nach dem Umtopfen wachsen die Pflanzen besser weiter, wenn man stark verfilzte Wurzeln am Rand des Ballens vorsichtig lockert.

und Taubnesseln funktioniert es in der Wachstumszeit gut, wenn sie nicht gerade blühen. Dazu schneide ich eine 5 bis 15 cm lange, unverholzte Triebspitze mit einem scharfen Messer direkt unter einem Blattknoten ab und entferne die unteren Blätter. An einem hellen, aber nicht sonnigen Platz treiben in Wasser oder Erde neue Wurzeln aus den Knoten. Sobald sich neue Blätter bilden, hat der Steckling es geschafft und kann eingepflanzt werden.

UMTOPFEN

Wenn eine Pflanze nur ein größeres Gefäß braucht, lockere ich nach dem Austopfen den Wurzelfilz außen am Ballen auf, damit die Wurzeln besser in die neue Erde wachsen. Auch lang heraushängende, verknäulte und beschädigte Wurzeln schneide ich mit einem scharfen Messer zurück und schüttele die alte Erde etwas heraus. Dabei lasse ich den gesamten Ballen aber relativ unbeschädigt. Das neue Gefäß muss einige Zentimeter größer sein als der Ballen, damit ich die Hohlräume gut füllen kann.

TIPPS ZUM AUSTOPFEN

Kleine Gefäße klopfe ich über Kopf leicht mit dem Rand auf eine Tischkante – mehrmals rundherum. Zum Schluss ziehe ich an der Pflanze. Große Gefäße lege ich flach, schütze den Rand mit einem dicken Tuch und klopfe mit dem Hammer mehrmals rundherum, damit die Wurzeln sich vom Topfrand lösen.

Harte Stängel schneide ich mit der Schere, wie hier die frisch aufgeblühten Schafgarbenblüten.

Für eine Gemüsequiche oder eine Suppe kommen diese Kräuter gerade recht. Für Salate pflücke ich sie lieber, wenn sie noch zarter sind.

ERNTEVERGNÜGEN

Viele unserer heimischen Wildkräuter kann man essen. Dass sie auch lecker schmecken, wunderbar duften und sehr gesund sein können, ist ein angenehmer Nebeneffekt.

Junge, zarte Blätter schmecken am besten, vorzugsweise in wild gemischten Salaten oder als Gemüse. Die heilende Wirkung vieler Wildkräuter entwickelt sich aber erst ab einer gewissen Größe. Oft ist ein bestimmtes Stadium nötig, zum Beispiel das blühende Kraut, das dann eher streng schmeckt.

INHALTSSTOFFE

Wildpflanzen enthalten viel mehr Vitamine und Mineralstoffe als Gemüse aus dem Supermarkt. Holen Sie Ihre Nahrungsergänzungsmittel also einfach vom Balkon – eine Handvoll täglich reicht. Sobald unsere Zunge Bitterstoffe wahrnimmt, die in Wildkräutern wie der Schafgarbe zu schmecken sind, verziehen wir womöglich das Gesicht. Der bittere Geschmack fährt aber gleichzeitig unseren Verdauungsapparat hoch, sodass wir unsere Nahrung besser verdauen und gesünder bleiben. Wildkräuter wie Spitzwegerich oder Stinkender Storchschnabel enthalten Gerbstoffe, die ein pelziges Gefühl im Mund hinterlassen. Diese Stoffe pflegen unsere Schleimhäute und halten viele feindliche Bakterien und Pilze in Schach. Äußerlich als Brei aufgelegt, helfen sie prima bei kleineren Verletzungen. Andere Wildkräuter wie Malven oder Primeln enthalten Schleimstoffe, die sich schützend über unsere Schleimhäute legen und Hals- und Magenkratzen beseitigen.

Zum Trocknen ernte ich bei Sonnenwetter. Ohne Stängel trocknen die Blüten besser.

HEISSER STRESSKILLER

Tee kann man aus frischen oder getrockneten Kräutern kochen. Welche Menge in die Kanne kommt, ist Geschmackssache, welche Kräuter man mischt ebenso, Experimentieren ist spannend. Wer dabei eine kleine Tee-Zeremonie zelebriert, senkt ganz nebenbei seinen Stresslevel. Im Winter gibt eine Prise Ingwer im Tee ein besonders warmes Bauchgefühl. Ingwer wächst übrigens auch prima auf dem Balkon, ist aber nicht frosthart. Wer mit seinem Tee eine medizinische Wirkung erzielen möchte, muss sich natürlich an Rezepte halten, damit genügend Wirkstoffe in den Körper gelangen. Rezepte sowie Wirkstoffgehalte der Pflanzen sind recht uneinheitlich, einheitlich aber ist die Verwendung getrockneter Kräuter.

RIECHT DAS GUT!

Einige Minuten nach dem Einatmen kann man ätherische Öle im Blut nachweisen. Schnell entfalten sie ihre Wirkung im Körper. Der Geruch von Thymian und Dost stillt Husten, der Duft von Rosen lindert Depressionen, der von Nelken beruhigt. Der Geruch von Bärlauch kann den Blutdruck senken und ein kleines Waldmeister-Duftsäckchen unterm Kopfkissen fördert den Schlaf.

KRÄUTER TROCKNEN

Zum Trocknen breite ich frisch geerntete Blätter und Blütenblätter im luftigen Schatten auf Papier aus. Je schneller sie trocknen, desto mehr Wirkstoffe bleiben erhalten. Sobald sie rascheln, fülle ich sie in Schraubdeckelgläser und lagere sie dunkel. Vor der Verwendung rebele ich die Würzkräuter klein. Getrocknete Brennnesselspitzen mixe ich gern und verwende das Pulver im Winter in Suppen oder Brotteig.

EISENGEHALT (pro 100 g frische Pflanze)

Franzosenkraut	14,0 mg
Vogelmiere	8,4 mg
Spinat, Brennnessel	4,1 mg
Löwenzahn	3,1 mg
Mangold	2,7 mg
Grünkohl	1,9 mg
Kopfsalat	0,3 mg

VITAMIN C-GEHALT (pro 100 g frische Pflanze)

Brennnessel	333 mg
Giersch	210 mg
Sauerampfer	117 mg
Löwenzahn, Vogelmiere	115 mg
Grünkohl	105 mg
Feldsalat	35 mg
Kopfsalat	13 mg

LIEBLINGSREZEPTE

Das sind meine Grundrezepte, die ich nach Lust und Laune und je nach Jahreszeit immer wieder abwandle, damit es nicht langweilig wird.

KRÄUTERKÜCHE

Wildkräuter bieten unerwartete Gaumenfreuden. Am besten probiert man sie im Verlauf des Jahres immer wieder. So merkt man, welches Pflanzenteil in welchem Stadium am besten schmeckt.

BUNTER SALAT

Reichlich gutes Olivenöl, Essig, Kräutersalz und eine Handvoll zerbröckelten Feta verrühren. Viele klein geschnittene Wildkräuter sowie Salatgemüse (zum Beispiel Salatblätter, Möhren oder Tomaten) hinzufügen und vermengen.
Bei den Wildkräutern sind sehr junge Giersch- und Löwenzahnblätter meine Favoriten, ebenso Feldsalat und Hirschhornwegerich. Wunderbar schmecken auch zarte Blätter von Knoblauchsrauke, Sommerportulak, Wiesen-Labkraut, Vogelmiere, Spornblume, Franzosenkraut, Rainkohl, Lungenkraut, Malve, Sauerampfer und Teufelskralle. Blütenblätter von Kornblumen, Glockenblumen, Borretsch, Lungenkraut, Primeln, Roter Lichtnelke, Rot-Klee, Taglilien, Ringelblumen oder Taubnesseln bringen Farbe hinein. Zum Würzen eignen sich Bärlauch, Schafgarbe, Schnittlauch, Spitzwegerich, Rauke, Thymian oder Winterkresse.

KRÄUTERSUPPE

Gewürfelte Zwiebel in reichlich Olivenöl glasig anbraten, 1 bis 2 Esslöffel Mehl darin verrühren, mit 500 ml Gemüsebrühe aufgießen, unter Rühren kurz aufkochen lassen, dabei die klein geschnittenen Kräuter hinzufügen. Am Schluss mit Sahne, Salz und Pfeffer abschmecken.
Gut eignen sich Bärlauch, Giersch, Brennnessel, Guter Heinrich, Weiße Taubnessel oder Sauerampfer, auch mit dem Zauberstab püriert. Besonders liebe ich die Bärwurz, die ich vorher klein schneide, weil sie beim Pürieren Ärger macht. Manchmal koche ich die Suppe mit Weißwein und serviere sie mit angerösteten Brotwürfeln.

KRÄUTERDIP

Zarte Kräuter sehr fein schneiden und mit Crème fraîche, zerdrücktem Knoblauch, etwas Öl, Zitronensaft und Salz abschmecken. Nach Gusto hart gekochte, zerdrückte Eier und geriebene Zwiebel hinzufügen und mit Joghurt verdünnen.

KRÄUTERQUARK

Quark mit Joghurt, Crème fraîche und Salz cremig rühren und fein geschnittene oder gemixte Wildkräuter unterheben. Eventuell am Schluss mit Knoblauch, Pfeffer, Zitro-

Wildkräutersalat – alles selbst angebaut

Kräuterbutter mit Gundermannblättern und -blüten

Kräuterquark mit Schaumkraut

nensaft, fein gewürfelter Schalotte oder Parmesan verfeinern. Bärlauch, Wiesenknopf und Knoblauchsrauke sind dafür besonders zu empfehlen, Schaumkraut-Arten lassen sich auch dafür nutzen. Natürlich schmeckt's auch süß mit Honig, Minze und Beeren, dekoriert mit bunten Blüten.

KRÄUTERGEMÜSE

Ich nehme eine dicke Handvoll Kräuter pro Person, zum Beispiel Brennnessel, Giersch oder Taubnessel, und brate sie in Butter an, bis sie zusammenfallen. Etwas Salz reicht meist als Würze. Das Gemüse schmeckt prima zu Pfannkuchen. Für eine sämige Abwandlung verrühre ich einen Teelöffel Mehl in einer halben Tasse Milch, schütte es in die fertig gebratenen Kräuter und lasse alles unter Rühren noch einmal kurz kochen. Dann schmecke ich mit Sahne und Muskatnuss ab. Für die weinselige Abwandlung gebe ich Weißwein und Käse zu den fertig gebratenen Kräutern.

Wenn alles so kühl ist, dass das Ei nicht mehr gerinnt, binde ich die Flüssigkeit mit in Sauerrahm verrührtem Eigelb.

KRÄUTERBUTTER

Wildkräuter sehr fein schneiden und mit Salz, Pfeffer und Knoblauch in weiche Butter einkneten. Bällchen formen und im Kühlschrank fest werden lassen. Witzig sieht es mit bunten Blüten aus, darin kann man sie am Schluss auch noch wälzen.

PESTO

Etwa 200 g Wildkräuter wie Bärlauch, Knoblauchsrauke, Brennnessel, Giersch, Spitzwegerich oder Wiesenknopf mit 100 g Sonnenblumenkernen, 200 ml Olivenöl, 4 EL Parmesan, etwas Knoblauch, Pfeffer und Salz mixen. Im Schraubdeckelglas im Kühlschrank hält das Pesto zwei Wochen, am besten mit Öl bedeckt.

KRÄUTERSALZ

Über den Sommer trockne ich die Kräuter. Im Winter mische ich sie, streue Salz darüber und zerkleinere sie mit Mixer oder Zauberstab. Wunderbar würzig sind die Blüten des Dosts, mittelalte Gierschblätter, Gundermann, Thymian, Wiesen-Salbei, Sellerie und Wiesenknopf, aber auch Waldmeister eignet sich.

FLÜSSIGES KRÄUTERSALZ

Mit Mixer oder Zauberstab mixe ich 700 g frische Kräuter mit 100 g Salz und fülle diese „Brühe" in Schraubdeckelgläser. Sie hält im Kühlschrank ein halbes Jahr und macht sich gut in Salatsaucen und Eintöpfen. So kann ich auch Kräuter wie Bärlauch, Schnittlauch oder Knoblauchsrauke haltbar machen, die beim Trocknen leicht ihr Aroma verlieren.

KRÄUTERESSIG

Frische, leicht zerkleinerte Kräuter in einem Schraubdeckelglas mit so viel Apfelessig übergießen, dass sie bedeckt sind. Vier Wochen ziehen lassen, dabei täglich vorsichtig schütteln, danach durch einen Kaffeefilter abgießen. In hübschen Flaschen mit einem

01

02

Kräuterzweig als Deko ist der Kräuteressig ein tolles Geschenk. Besonderen Geschmack geben Gundermann, Bärwurz, Salbei, Thymian, Dost, Rosenblüten oder Minzen.

HEILSAMES VOM WILDKRÄUTERBALKON

Eine Apotheke auf dem Balkon hilft Vorbeugen und Heilen – und macht Spaß.

MAGENBITTER

Das Essen liegt schwer im Magen? Ein Schlückchen Magenbitter wirkt Wunder, denn Alkohol weitet den Magen, und bittere Kräuter regen die Verdauung an. Ich übergieße bittere Kräuter wie zerkleinerte Schafgarbenblüten, Hopfenzapfen und Andorn mit Korn, lasse alles drei bis vier Wochen ziehen und seihe dann ab.

TINKTUREN

Frische Kräuter mit hochprozentigem Schnaps übergießen, vier Wochen ziehen lassen und durch einen Kaffeefilter abseihen. Mein Favorit ist Ringelblumentinktur nur aus Blütenblättern – traumhaft gelb. Sie hilft gegen alle Entzündungen der Haut. Spitzwegerich- und Kamillenblütentinktur helfen genauso.

HEILKRÄFTIGE KRÄUTERÖLE

Kräuter klein schneiden und mit Olivenöl übergießen, sodass sie gut bedeckt sind. Mindestens drei Wochen warm und sonnig stellen und darauf achten, dass die Kräuter immer mit Öl bedeckt sind. Durch einen Kaffeefilter abgießen und kühl sowie dunkel lagern. Ich liebe das Rotöl aus Johanniskraut gegen Sonnenbrand und kleine Verletzungen. Beinwellwurzel- und Spitzwegerich-Öl verarbeite ich weiter zu Salben.
Dafür rühre ich bei leichter Hitze pro 100 ml Öl etwa 12 g Bienenwachs hinein und fülle die Mischung gleich in Salbentiegel, denn beim Abkühlen wird sie fest. Beinwell-Salbe hilft bei Prellungen, Verstauchungen und Arthrose, Spitzwegerich-Salbe gegen Insektenstiche.

03

04

01 Nach etwa vier Wochen siebe ich den in Honig eingelegten Spitzwegerich ab – fertig ist der Hustensirup.

02 Apfel- oder Weinessig mit blühendem Dost schmeckt leicht nach Oregano und passt gut zu Tomatensalat.

03 Eine Prise des ohne Stängel klein gehackten und getrockneten Waldmeisters gibt meinem Kräutersalz einen feinen Duft. Reines Waldmeistersalz passt gut zu Spargel.

04 Beim Schafgarben-Öl drücke ich schnell die Blüten unters Öl, sonst schimmeln sie. Nach dem Abseihen mache ich eine entzündungshemmende Salbe daraus.

BEPFLANZUNGSIDEEN

— *für Kästen, Kübel & Töpfe*

ROTGRÜNE LECKEREI

Eine Bepflanzung für feuchte, eher halbschattige Ecken: Himbeere und Bärlauch kommen aus dem Wald. Sie lieben humose, lockere, leicht feuchte Erde im Kübel.

Bis Mitte Mai steht der Bärlauch gern in der Sonne, später mag er es schattiger. Sobald er sich im Juni in seine Zwiebeln zurückgezogen hat, brauchen die Himbeeren mehr Sonne, damit die Früchte süß werden. Starke Hitze, Trockenheit und Wind vertragen sie nicht. Die Himbeerwurzeln bedecke ich im Sommer mit einer Mulchschicht aus Gras oder Blättern.

BÄRLAUCH

Anfänglich kauft man am einfachsten eine Bärlauchpflanze oder -zwiebelchen. Wo der Bärlauch sich wohlfühlt, vermehrt er sich schnell durch Samen oder Tochterzwiebeln. Man kann die gesamte Pflanze essen, meist erntet man die Blätter vor der Blüte – das Bärlaucharoma ist gigantisch. Aber auch die Bärlauchblüten sind eine scharf-würzige Deko. Die unreifen Samen verwende ich wie grünen Pfeffer. Die frischen Blätter verarbeite ich zu Pesto, aber auch frisch in Salaten und als Brotbelag kommen sie zum Einsatz. Wer zu viel hat: Einfrieren geht gut, beim Trocknen schwindet leider das Aroma. Bärlauch wirkt stoffwechselanregend und leicht antibakteriell, zu hohe Blutdruck- und Cholesterinwerte sinken.

SEMMELKNÖDEL MIT BÄRLAUCH

400 g trockene, gewürfelte Brötchen in 250 ml warmer Milch einweichen, vier verquirlte Eier, 200 g klein geschnittenen Bärlauch, vier in Butter gebräunte Knoblauchzehen, Salz und Pfeffer unterrühren und ruhen lassen. Kneten, acht Knödel daraus formen und 15 Min. in Salzwasser gar ziehen lassen.

HIMBEERE

Die Wildform der Wald-Himbeere bildet ihre Früchte im Juni/Juli. Unten am Wurzelhals entstehen jährlich neue Ruten, die im ersten Jahr nur wachsen, im zweiten Jahr blühen und fruchten und danach über Winter absterben. Die absterbenden Ruten schneide ich im Frühling alle weg. Dabei kürze ich oft auch die neuen Ruten etwas. Im Frühling trenne ich auch Wurzelausläufer zur Vermehrung ab.
Der kräftige Bärlauchgeruch verwirrt im Mai zur Eiablagezeit die Himbeerkäfer, sodass wir später beim Ernten weniger Würmer in den Himbeeren finden.

Mit Stütze stehen die Himbeerruten stabiler.

Unter der Himbeere fühlt sich der Bärlauch wohl.

Wurmfreie Herbsthimbeeren – meine Gartenpralinen

Für Kübel mit 25 Litern eignen sich kleinwüchsige Balkonsorten. Einige davon wie 'Sugana' oder die Lowberry-Zwerghimbeeren tragen bereits im Herbst an den einjährigen Ruten und dann im nächsten Sommer an denselben Ruten noch einmal. Werden die Ruten dieser zweimaltragenden Sorten im Frühling alle ganz unten abgeschnitten, erhält man recht lohnende Herbsterträge ganz ohne Würmer, denn die sind im Herbst nicht mehr unterwegs. Übrigens schmecken nicht nur die Früchte lecker, auch die Blätter mag ich gern im Tee.

SCHNELLE HIMBEERCREME

Im Mixer 200 g Schlagsahne steif schlagen, 500 g Joghurt und 2 bis 3 EL Zucker dazugeben und beim langsamen Weitermixen 9 g fertig angerührte Gelatine langsam hineinlaufen lassen. Am Schluss kommen unter schnellem Mixen etwa 300 g gefrorene Himbeeren dazu. Die Masse wird sofort steif und ist ein toller Nachtisch. Wer keine Gelatine mag, kann ganz am Schluss 8 g Guarkernmehl oder Xanthan untermixen.

Gundermann – heilige Pflanze der Germanen

Weiße Taubnessel – beliebt bei Hummeln

WIE UNTER EINEM HASELSTRAUCH

In fruchtbarer Erde im Halbschatten wachsen Knoblauchsrauke, Weiße Taubnessel, Gundermann, Scharbockskraut und Vergissmeinnicht um die Wette. Oben auf dem Hocker thront die Vogelmiere.

Man trifft diese Pflanzengemeinschaft in der Natur häufig unter Sträuchern auf nährstoffreicher, krümeliger Erde. Im Frühling ist dort viel Licht, sodass alles schnell loswächst. Im Sommer wachsen Gundermann und Taubnessel im Halbschatten weiter, solange es feucht genug ist.
Das Scharbockskraut übersommert im Boden, Vergissmeinnicht und Knoblauchsrauke bilden Samen und sterben danach ab.

Und die Vogelmiere? Sie keimt und wächst zuverlässig, wann immer sie ein Plätzchen für sich ergattern kann.

VOGELMIERE

Sie ist ein bisschen heikel im Topf, denn bei Trockenheit wird sie sofort unansehnlich und erholt sich nur schwer. Bei gleichmäßiger Feuchte und ausreichend Nährstoffen wächst sie aber explosionsartig und macht viel Freude. Sie bildet Tausende von Samen, die im Boden über Jahrzehnte keimfähig bleiben und im Licht schon ab 2 °C keimen können. Am liebsten keimen sie aber erst im April oder Mai. Die Vogelmiere wächst so schnell, dass sich zwei bis drei Generationen pro Jahr entwickeln. Über die Vermehrung muss man sich also keine Gedanken machen. Wenn Sie nicht genau wissen, ob es wirklich Vogelmiere ist, die bei Ihnen wächst, schauen Sie die Stängel an. Die Vogelmiere besitzt eine einzelne Haarlinie entlang ihres runden Stängels. Ich liebe die zarten, milden Triebspitzen im Salat. Zum Kochen schneide ich größere Büschel und wiege sie klein, auch mit Bluten und Samen. Die lebenslustige Vogelmiere enthält ein Mehrfaches an Vitaminen und Mineralstoffen im Vergleich zum Kopfsalat und fast dreimal so viel Vitamin C wie Orangen, dreimal so viel Karotin wie Möhren und doppelt so viel Eisen wie Spinat. Also nichts wie ran an die leckeren Blättchen.

VITALQUARK

Zwei Handvoll Vogelmiere und Knoblauchsrauke, je zwei Triebspitzen von Weißer Taubnessel und Gundermann und einige Blättchen Scharbockskraut (nur vor der Blüte ernten!) klein schneiden und mit 125 g Quark, 2 TL kalt gepresstem Leinöl, Salz und Pfeffer verrühren. Je nach Geschmack Ingwer, Chili, Kurkuma und andere Gewürze zufügen und mit Vergissmeinnichtblüten dekorieren. Schmeckt als Brotaufstrich oder zu Pellkartoffeln.

Die Knoblauchsrauke schmeckt zart nach Knoblauch.

In der Natur findet man diese Kräuter unter Sträuchern.

FRÜHLINGSERWACHEN IN GELB & BLAU

Scharbockskraut, Primeln und die Schlüsselblumen, die sich in der Mitte noch recht versteckt halten, sorgen für frische Gelbtöne. Lungenkraut und Vergissmeinnicht blühen zartrosa auf und verfärben sich später blau.

Sobald das Scharbockskraut aus dem Boden sprießt, beginnt die Wildkräutersaison. Die Blätter von Lungenkraut und Primeln, an anderer Stelle auch von Brennnesseln, Giersch, Wiesen-Labkraut, Vogelmiere und Löwenzahn sprießen aus der Erde. Und natürlich sind da Gänseblümchenblätter, Feldsalat, Winterkresse und die anderen Immergrünen. Ich zupfe, probiere und freue mich über das frische Grün, das ab jetzt wieder meinen Speiseplan bereichern wird. Mein Körper wartet schon auf die Vitamine, Mineralstoffe und sekundären Pflanzenstoffe, die meine Verdauung und meinen Stoffwechsel auf Trab bringen. Je abwechslungsreicher die Auswahl, desto besser. Ich wasche die Blättchen zweimal in frischem Wasser und schneide sie etwas klein. So kommen sie mit in meine täglichen Salate.

SCHARBOCKSKRAUT

Jetzt im April, wenn die gelben Sternblüten des Scharbockskrauts leuchten, ist es zum Ernten zu spät, denn die Blätter enthalten ab der Blütezeit viel Protoanemonin, das die Schleimhäute reizt. Wenn die Blätter im Februar aus dem Boden treiben und zunächst noch blütenlos emsig vor sich hinwachsen, sind sie jedoch eine willkommene, nussigscharfe, Vitamin C-haltige Zugabe zu Salaten. Ab Mai verschwinden die Pflanzen wieder in ihren Knöllchen, sodass sich an ihrer Stelle andere Pflanzen ausbreiten können.

KISSEN-PRIMELN UND SCHLÜSSELBLUMEN

Die Wildformen der Kissen-Primel und der Hohen Schlüsselblume haben große hellgelbe Blüten. Die dottergelben Blüten der Echten Schlüsselblume sind klein. All unsere heimischen Wildformen sind sehr selten geworden und stehen unter Schutz. Die Pflanzen lassen sich aber auf dem Balkon vermehren und erhalten – falls man sie nicht komplett aufisst. Mir persönlich gefällt die zarte, hellgelb leuchtende Wildform der Kissen-Primel inzwischen weit besser als die knallig bunten Primelsorten, die im Frühling überall verkauft werden. In normalen Gärtnereien oder Gartencentern bekommt man normalerweise nur die Zuchtformen, die sich im Lauf der Jahre gerne untereinander und mit den Wildformen kreuzen. Das meiste davon ist essbar, es gibt aber auch giftige Primeln wie die Becher-Primel, die man auf keinen Fall essen sollte. Sie ist aber nicht frosthart, sodass sie draußen von allein verschwindet. Ich nutze die Blüten und Blätter

01

02

03

der oben genannten Wildformen und ihrer ebenfalls gelb blühenden Kreuzungen gerne als bunte Salatzutat. Durch den enthaltenen Nektar schmecken die Blüten leicht süßlich.

LUNGENKRAUT UND VERGISSMEINNICHT

Lungenkraut ist ein wahrer Hummelmagnet. Es fängt oft schon im März an zu blühen, wenn sich auch die ersten Hummeln in ihren dicken Pelzjacken auf die Suche nach Nektar und Pollen machen. Auf die Farbe Lila fliegen Hummeln besonders und das Lungenkraut hält den dicken Fliegern mit seinen kräftigen Stängeln sogar stand und kippt nicht so leicht unter ihrem Gewicht. Ehrlich gesagt, ich nasche die Lungenkrautblüten auch gerne, aber wegen der Hummeln beherrsche ich mich heute. Ein paar Blüten vom Vergissmeinnicht nehme ich aber zum Dekorieren der Butter mit in die Küche. Noch Platz im Kübel? Die später blühende Teufelskralle würde hier noch dazupassen.

DIE MENGE MACHT'S!

Die meisten Wildkräuter kann man unbesorgt essen. Folgende Arten sollten Sie jedoch nur in kleinen Mengen verzehren: Lungenkraut, Beinwell, Natternkopf, Vergissmeinnicht, Borretsch (Pyrrolizidinalkaloide), Primeln (Saponine), Sauerampfer, Sauerklee (Oxalsäure), Scharbockskraut (Protoanemonin), Waldmeister (Cumarin). Die grünen Teile des Klatschmohns sind giftig.

01 Der gelb und blau blühende Kasten macht im Frühling Lust auf frisches Grün mit zarten Blüten.

02 Die Sternblüten des Scharbockskrauts beenden seine Erntezeit. Lungenkraut und Primeln schmecken jetzt prima.

03 Lungenkraut lockt ab März Bienen und Hummeln an, vor allem die rosafarbenen Blüten sind reich an Nektar.

SPONTANI-TOPF

„Echt jetzt? Das hat jemand gepflanzt? Das ist doch Unkraut!" Von wegen! Tatsächlich sind Giersch, Gundermann und die Purpurrote Taubnessel dankbare Topfpflanzen, die reiche Ernten bringen.

Häufig wuchern sie auch spontan, wenn man nährstoffreiche, krümelige Erde im Topf hat. Manchmal wuchern auch andere „Spontanis", wie ich meine „Unkräuter" liebevoll nenne. Viele dieser geächteten Pflanzen sind essbar, viele bei näherem Hinschauen recht hübsch und vor allen Dingen sind sie reiche Nektar- und Pollenquellen für Insekten. Hier im Topf sind Giersch, Taubnessel und Gundermann (mehr zu ihm auf S. 70) übrigens kein Unkraut, denn zum Unkraut wird eine Pflanze nur, wenn sie an einer Stelle wächst, wo ein Mensch sie nicht haben will. Ich will sie aber – der Giersch ist sogar einer meiner Lieblingspflanzen – geschmacklich. Im Staudenbeet läuft er bei mir allerdings auch unter „Unkraut".

GIERSCH

Ich ernte die Blätter, wenn sie noch nicht richtig aufgefaltet sind. Dann sind sie hellgrün, glänzen und schmecken köstlich – zart nach Möhre und Petersilie. Die Blätter treiben von Februar bis Dezember immer wieder neu aus der Erde, solange man schnell genug erntet und die Wurzel noch Kraft hat. Ab und zu muss der Giersch sich erholen und mit großen Blättern wieder Speicherstoffe in seine Wurzeln schicken. Man kann ihn sogar blühen lassen, denn auch die aromatischen Blüten und scharfen Samen sind essbar. Die Blätter enthalten reichlich Vitamin C sowie Mineralstoffe und regen den Stoffwechsel sanft an. Da sie keine starke medizinische Wirkung haben, kann man sie in großen Mengen essen. Wer keinen Giersch mag, kann stattdessen Spitzwegerich oder Sauerampfer in den Topf setzen.

ROTE TAUBNESSEL

Jede Pflanze bildet etwa 200 Samen, die in der Erde fünf Jahre keimfähig bleiben. Wenn sie sich einmal ausgesät hat, tauchen ihre Nachkommen später überall auf, wo fruchtbare Erde frei ist – ein echter Spontani, aber ein sehr liebenswerter. Oft blühen die Pflanzen bereits mitten im Winter und liefern Nahrung für frühe Insekten. Noch besser zum Giersch passt die Gefleckte Taubnessel.

Dieser Spontani-Topf liebt Halbschatten.

FRÜHLINGSGLÜCK IM HALBSCHATTEN

Leuchtend blau blüht das Lungenkraut neben den Bärlauchblättern. Gelbe und Weiße Taubnesseln locken Hummeln an, und die weißen Sternblüten der Großen Sternmiere blühen ganz zart.

Nächstes Jahr wird die Sternmiere Hunderte von Blüten weit über den Korb hängen lassen. Ob man ihn dann noch sieht? Sie überwuchert gern andere Pflanzen, sodass man sie manchmal eindämmen muss. Ihre Nachbarn hier im Korb wachsen aber auch alle kräftig, wenn der Boden locker, humos und leicht feucht ist. Im Frühling fühlen sich die Pflanzen in der Sonne wohl, ab Mai ziehen sie den lichten Schatten oder Halbschatten vor – ganz wie im Wald.

01

LUNGENKRAUT

Einige Blätter und Blüten des Lungenkrauts wandern bei mir im Frühling regelmäßig mit in die Salatschüssel, denn sie schmecken mir sehr gut – mild und saftig, leicht gurkenähnlich. Zu viel sollte man aber nicht davon essen, denn die enthaltenen Pyrrolizidinalkaloide schädigen in größeren Mengen die Leber. Am besten gedeiht bei mir das heimische Echte Lungenkraut. Es blüht rosa auf und wechselt dann ins Blauviolett. Bei Trockenheit leiden Lungenkräuter im Sommer leicht unter Mehltau – einfach abschneiden und mehr gießen. Sie treiben dann gesund und meist wunderbar kräftig gepunktet wieder aus.

02

03

04

GROSSE STERNMIERE

Wo sich diese Verwandte der Vogelmiere wohlfühlt, wuchert sie extrem – vielleicht ein Nachteil, aber die lange Blütezeit ist ein klarer Vorteil. Außerdem bleiben die Blätter über Winter grün, sie wachsen bei milden Temperaturen sogar weiter und schmecken gut. Ich ernte hauptsächlich die ganz zarten, etwas nach Spargel schmeckenden Triebspitzen für Salate. Sie wuchern immer wieder nach.
Wer Ableger verschenken möchte, kann im Herbst oder Frühling ein paar Rhizome ausgraben. Sie wachsen leicht wieder an.

TAUBNESSELN

Als Kinder haben wir den süßen Nektar aus den Blüten gelutscht oder die Blüten entfernt und Freunde mit der vermeintlichen Brennnessel erschreckt. Hat immer wieder geklappt! Heute verwende ich die jungen Blätter und Triebe in Salaten oder zum Kochen und freue mich an der langen Blütezeit, den vielen Hummeln und der schier unerschöpflichen Lebensenergie der Taubnesseln. Die Weiße Taubnessel mag ich mit ihrem leicht pilzartigen Geschmack am liebsten. Als Spinat zubereitet passt sie zusammen mit Schafskäse prima zu Pfannkuchen.

01 Die Rote Lichtnelke würde auch noch gut zu dieser Pflanzkombination passen. Nächstes Jahr nehme ich sie mit dazu und verteile dann alle Pflanzen auf zwei große Körbe.

02 Wildbienen lieben Taubnesseln. Die meisten haben übrigens keinen Giftstachel, sondern einen Legestachel.

03 Die Große Sternmiere wächst und blüht unermüdlich. Ihre Blüten leuchten im Halbschatten regelrecht.

04 Frühlingsglück im Korb – zu schade zum Ernten? Keineswegs! Ein wenig kommt jetzt in den Salat, sonst wird's sowieso zu eng im Korb.

MORGENWIESE

Frühmorgens öffnen Gänseblümchen und Löwenzahn beim Erwachen ihre Blüten, allerdings nur, wenn ihnen das Wetter passt. Dem Wiesen-Schaumkraut sind Kälte und Nässe egal, es blüht trotzdem.

Die dottergelben Wuschelköpfe des Löwenzahns sind von etwa 6 bis 15 Uhr geöffnet. Kommen in dieser Zeit zu wenige Insekten zur Befruchtung, verlängert er seine Öffnungszeiten. Das Gänseblümchen guckt nicht auf die Uhr. Es öffnet seine Köpfchen bei Sonne und Wärme und schließt sie bei Regen und Nässe, nur die alten Blüten schließen nicht mehr.

GÄNSEBLÜMCHEN

Oft blüht es bis Weihnachten, und bereits im Februar kann man schon wieder erste Blüten ernten. Richtig Frühling ist aber erst, wenn man im Rasen mit einem Fuß auf sieben Gänseblümchen gleichzeitig tritt. Im Sommer sind Blüten selten, weil sie sich über 12 °C nicht mehr bilden.
Die Pflanzen können mit Stumpf und Stiel gegessen werden. Über Winter ernte ich die Blätter als frisches, leicht bitteres Grün für Salate. Der leicht bittere Geschmack regt die Verdauung an. Besonders lecker finde ich die Knospen, und natürlich nehme ich die Blüten als Deko oder bunte Salatzutat.

WIESEN-SCHAUMKRAUT

Die Pflanzen lieben kühle, feuchte Standorte. Im Mai überziehen sie halbschattige, feuchte Wiesen im Mittelgebirge mit einem weißen Schleier. Oft bleiben die zarten Blattrosetten über Winter grün. Die jungen Blätter und Blütenknospen schmecken im Frühling wie Kresse – eine wunderbare Salatzutat. Mit ihrem hohen Vitamin C-Gehalt bringen sie den wintermüden Stoffwechsel auf Trab, genau wie die Brunnenkresse, die aber schwieriger anzubauen ist. Über Sommer werden die Pflanzen bitter, sodass sie kein Genuss mehr sind. Nur die Samen eignen sich als Pfefferersatz, wenn die Pflanze sie nicht schon verschossen hat – sie schießt übrigens zwei Meter weit.

BESUCHER AUF DEM WILDKRÄUTERBALKON

An heimischen Wildpflanzen taucht bald die dazu gehörige Tierwelt auf, denn es wartet Futter. Einerseits sind es Nektar und Pollen, die zur Blütezeit locken, andererseits sind es zarte Blätter und Pflanzensäfte für Raupen und Larven – und die ziehen wiederum Jäger an.

ORANGE SPITZEN

Häufig zu Gast am Wiesen-Schaumkraut ist der Aurorafalter, es ist nämlich seine Lieblingspflanze. Mmh, die Knoblauchsrauke mag er auch sehr. Ab Mitte April legt das Weibchen 300 längliche Eier, die nach zwei Tagen leuchtend orange werden, sodass wir sie an den Pflanzen gut finden. Einige Tage später schlüpfen winzige, orangebraune Lar-

Morgenwiese beim Erwachen

ven, die fleißig an den Blüten knabbern. Beim Wachsen wird ihnen die Haut zu eng, sodass sie sich häuten. Nach der dritten Häutung sind sie zur Tarnung blaugrün und fressen an den sich bildenden Schoten. Nach fünf Wochen Völlerei verpuppen sie sich unten am Stängel. Dazu kleben sie einen Haltegürtel an den Stängel und bauen sich eine Puppe, die fast wie ein Pflanzen-Dorn aussieht. Trotz der guten Tarnung können wir sie leicht entdecken und im nächsten Jahr ab März auf das Schlüpfen des Falters warten.

SCHAUMZIKADEN

Noch ein Liebhaber des Wiesen-Schaumkrauts ist die Wiesen-Schaumzikade. Sie ist braun gezeichnet und etwa doppelt so groß wie eine Blattlaus. Ihre Larven schäumen sich kräftig ein, sodass es aussieht, als habe jemand auf unsere Pflanzen gespuckt. Im stabilen Schaum sind die Larven vor Fressfeinden und Austrocknung geschützt. Sie saugen Pflanzensaft. Ein paar davon sind harmlos. Wenn sie stören, kann man sie mit Wasser von den Pflanzen spülen.

LÄUSE

Große Läuseherden sind ein Zeichen von Trockenstress, unpassendem Standort oder Überdüngung. Ein paar Läuse sind normal und saftiges Fleisch für Vögel, Marienkäfer, Schwebfliegen und Co., deren Nachwuchs auf dieses zarte Futter angewiesen ist.

Manchmal blüht das Wiesen-Schaumkraut auch zartlila.

Aurorafalter-Männchen auf Knoblauchsrauke

WILDE KÜCHENKRÄUTER

Violetter Schnittlauch, himmelblauer Borretsch, zartweißer Wiesen-Kerbel und grünes Rispengras blühen jetzt im Juni. Kümmel und Großer Wiesenknopf müssen erst noch größer werden, ehe sie blühen.

Einige unserer Küchenkräuter sind in Mitteleuropa heimisch. Der Schnittlauch wächst wild in feuchten Alpenwiesen oder Flussauen. Der Kümmel bevorzugt kühle Nordsee-, Alpen- oder Mittelgebirgswiesen. Der Große Wiesenknopf liebt feuchte, hoch gelegene Wiesen und der Wiesen-Kerbel nährstoffreiche, gleichmäßig feuchte Wiesen. Der Borretsch ist aus Süd- und Osteuropa schon früh zu uns eingewandert und verwildert.

Einige unserer Küchenkräuter stammen ursprünglich aus heimischen Wiesen, oft aus Feuchtwiesen.

SCHNITTLAUCH

Der Schnittlauch wächst im ersten Jahr nach der Aussaat ohne Blüten. Später stören die harten Blütenstängel bei der Ernte. Sie landen bei mir in der Vase. Wie allen Kräutern muss man auch dem Schnittlauch ab und zu einen Urlaub mit vielen grünen Blättern lassen, damit er genug Reservestoffe in seine Zwiebeln einlagern kann. Mit genügend Wasser wächst er den ganzen Sommer, bei Trockenheit macht er Sommerpause.

BORRETSCH

Der Borretsch galt im Mittelalter als stimmungsaufhellende Pflanze und war daher fester Bestandteil der Klostergärten. Wissenschaftler konnten diese Wirkung nicht bestätigen. Wenn ich die blauen Sternblüten samt den darin wuselnden Bienen beobachte, bekomme ich trotzdem gute Laune. Als heilend galt es damals auch, sich in den Anblick der Pflanzen zu versenken. Versuchen Sie es einmal. Es wirkt, oder? Natürlich schmeckt Borretsch auch gut, vor allem die zarten Blätter und Blüten. Wegen der enthaltenen Pyrrolizidinalkaloide sollte man ihn nur in kleinen Mengen essen.

Hummelparadies Schnittlauch

WIESEN-KERBEL

Holen Sie sich möglichst keine Jungpflanzen aus der Natur, denn man kann den Wiesen-Kerbel mit anderen tödlich giftigen Pflanzen verwechseln, sondern kaufen Sie Jungpflanzen in einer Gärtnerei. Wenn man die richtigen Pflanzen im Kübel hat, ist Wiesen-Kerbel aber ein tolles Wildgemüse. Die Blätter schmecken wie Möhre mit etwas Anis und Kümmel. Ich ernte die zarten Blätter von Frühjahr bis Herbst und verwende sie roh oder gekocht. Auch die kleinen Blütenknospen oder Einzelblüten sind lecker. Falls Sie zu viele Jungpflanzen haben, probieren Sie im Winter doch einmal die Wurzel – im Salat oder als Gemüse mit Käse überbacken.

KÜMMEL

Der Kümmel ist eines der ältesten Gewürze Europas, er wurde bereits in der Jungsteinzeit verwendet. Aus der Zeit vor dem Mittelalter ist die Verwendung als Zauberpflanze überliefert, mit deren Geruch man Hexen, Waldgeister und Zwerge vertrieb. Man trug dazu einen Kümmelbeutel um den Hals oder stellte gekochte Kümmelsamen unters Bett. Seit dem frühen Mittelalter wird die Verwendung als blähungstreibendes Gewürz überliefert.

Der Kümmel wächst bei uns wild an Wegrändern oder in Wiesen. Er bildet im ersten Jahr nur zartgefiederte Blätter und im zweiten weiße Doldenblüten, aus denen die typischen Kümmelsamen entstehen. Danach stirbt er meist ab. Wegen der Samen lohnt der Anbau auf Balkonien nicht wirklich, aber die zarten Blätter und Triebspitzen sind eine feine, nach Anis oder Kümmel schmeckende Würze für Salate und Eintöpfe. Blütenknospen und Blüten eignen sich als dekorative Würze. Im ersten Winter vor der Blüte ist auch die Wurzel häufig zart genug als Suppengewürz.

GROSSER WIESENKNOPF

Großer und Kleiner Wiesenknopf ähneln sich. Den Großen Wiesenknopf findet man in der Natur auf feuchten Wiesen, den Kleinen auf Kalk-Trockenrasen. Der Große Wiesenknopf hat 12 bis 20 Sägezähne auf einer Seite seiner Fiederblätter, der Kleine nur fünf bis neun. Sobald die Pflanzen blühen, kann man sie an den Blüten unterscheiden. Ich verwende die Blätter beider Wiesenknöpfe vor der Blüte, sie haben dann ein leichtes Gurkenaroma – sehr lecker.

Den Kleinen Wiesenknopf finden Sie in Gärtnereien als Pimpinelle bei den Würzkräutern. Wenn Sie ihn in nährstoffreicher, etwas feuchter Erde anbauen, werden die Blätter zarter, und das Gurkenaroma kommt voll zur Geltung. Probiert man ihn am trockenen Naturstandort, schmeckt er nicht so intensiv.

MEIN KLEINER NASCHGARTEN

Wald-Erdbeere und Rote Johannisbeere sind in unseren Wäldern heimisch. Die ebenfalls bei uns vorkommenden Schwarzen Johannis- und Stachelbeeren würden alternativ auch gut in diesen Kübel passen.

Hier wächst eine Kulturform der Roten Johannisbeere. Die Wildform bildet kleine, saure Beeren, sodass man an einer Zuchtsorte mehr Freude hat. Die Wildform der Wald-Erdbeere schmeckt lecker, ist sehr robust und wüchsig. Wem die Früchte zu klein sind, der kann stattdessen Sorten der Monats-Erdbeere wählen, die mit der Wildform verwandt sind.

ROTE JOHANNISBEERE

Die Beeren brauchen ein windgeschütztes, überwiegend sonniges Plätzchen zum Ausreifen. Das Überwintern klappt aber besser im Schatten. Die Flachwurzler lieben breite Kübel mit mindestens 30 cm Durchmesser und mindestens 25 Liter humoser, krümeliger, nährstoffreicher, immer leicht feuchter Erde. Da Rote Johannisbeeren an den zwei bis vier Jahre alten Haupttrieben am besten tragen, schneide ich regelmäßig Ende Februar die zwei ältesten Haupttriebe ganz unten über der Erde ab und lasse von den frischen Trieben, die neu aus dem Boden wachsen, zwei kräftige stehen. Insgesamt sollte ein Strauch nicht mehr als acht Haupttriebe haben. Lange Zweige, die in den Strauch hineinwachsen, schneide ich ab. Wenn die Triebe leicht kippen oder sich nicht genug verzweigen, kürze ich sie etwas. Insgesamt schneide ich jedes Jahr 20 bis 30 % des Holzes heraus.

WALD-ERDBEERE

Wenn sie ein wenig humosen Boden unter Sträuchern findet, wuchert sie oft richtig los. Die Früchte brauchen genug Sonne zum Ausreifen und schmecken nur frisch von der Pflanze. Die Blätter passen prima in Teemischungen. Statt der Wald-Erdbeere eignen sich auch Kräuter als niedrige Unterpflanzung für Beerensträucher: Bärlauch, Gundermann, Primeln, Lungenkraut, Weg-Malve, Weißklee, Scharbockskraut, Spitzwegerich, Pfennigkraut, Stinkender Storchschnabel oder Wald-Vergissmeinnicht.

Ab Mai braucht der Naschgarten ausreichend Sonne, damit die Beeren süß werden.

HEILKRÄFTIGE EINWANDERER

Hier teilen sich Meerrettich, Zitronenmelisse und Thüringer Strauchpappel einen Korb. Nach dem Pflanzen sieht alles noch sehr geräumig aus, Anfang Juni wird es schon enger.

Im nächsten Frühling brauchen die Pflanzen einen größeren Kübel, denn sie wuchern alle drei recht ordentlich. Auf Dauer sollte der Meerrettich vielleicht sogar einen Kübel nur für sich alleine bekommen.

MEERRETTICH

Die frostharte, 120 cm hohe Staude ist vor 500 Jahren aus Südosteuropa zu uns eingewandert und dann bei uns verwildert. Da die Pflanzen kräftig wachsen, sollte ein Meerrettich-Kübel mindestens 30 cm tief sein und pro Pflanze 25 Liter nährstoffreiche, immer leicht feuchte Erde enthalten. Ich ernte hauptsächlich die zarten, mild nach Meerrettich schmeckenden Blätter, Knospen und Blüten. Am liebsten schneide ich sie in Salate. Bevor die Wurzeln den Kübel sprengen, topfe ich um und ernte dabei viele dünne Wurzeln, die ich einfriere. Gefroren lassen sie sich bei Bedarf gut reiben. Wer dicke Stangen ernten möchte, muss mehr tun. Im Frühling legt man dazu einen fingerdicken, 25 cm langen Fechser schräg in die Erde. Fechser dürfen nur oben und unten Knospen haben, die Knospen in der Mitte reibt man ab. Das obere Ende des Fechsers sollte 5 cm unter dem Boden liegen, das untere 15 cm. Im Juni bricht man am Kopfende bis auf einen Trieb alle heraus, damit keine mehrköpfige Stange entsteht. Über Winter kann man die Stange ernten, sie lässt sich leicht reiben. Meine dünnen Wurzeln sind aber genauso heilkräftig. Sie wirken antibiotisch in den Atem- und Harnwegen, sodass sie prima bei Husten, Erkältungen und Blasenentzündung eingesetzt werden kann. Außerdem reguliert Meerrettich die Darmflora.

ZITRONENMELISSE

Sie kam vor einigen Jahrhunderten im Gepäck der Benediktiner aus dem östlichen Mittelmeerraum in die Kloster-, später auch in die Bauerngärten und ist rasch bei uns verwildert. Die etwa 50 cm hohe, nach Zitrone duftende Staude blüht von Juli bis August. Die Bienen lieben ihre weißgelben Blüten. Sie wächst im Halbschatten oder in der Sonne in lockerer, nährstoffreicher, immer leicht feuchter Erde. Am besten schmeckt sie kurz vor der Blüte, dann ernte und trockne ich die gesamten Pflanzen für Tee. Sie treiben danach sofort wieder aus. Nun knipse ich regelmäßig die Triebspitzen als Würze für Salate ab. Oft geht das bis Weihnachten. Die Melisse wirkt beruhigend auf den Magen-Darm-Trakt, hilft bei nervösen Herzbe-

Anfang Juni haben sich alle schon kräftig entwickelt.

Zartes Hellrosa – die Thüringer Strauchpappel

Frisch gepflanzt und noch recht übersichtlich

schwerden und beim Einschlafen. Ihre ätherischen Öle wirken gegen Viren und Bakterien. Eine Lippensalbe mit Melissenextrakt hilft gegen Herpes.

THÜRINGER STRAUCHPAPPEL

In Deutschland war sie im Thüringischen Becken heimisch. Den Rest von Deutschland hat sie sich mithilfe begeisterter Hobbygärtner erobert. Wenn die große, etwas zögerlich wachsende Pflanze erst einmal richtig eingewachsen ist, braucht sie kaum Pflege. Hitze und Trockenheit steckt sie gut weg, aber mit ausreichend Wasser bildet sie zartere Blätter. Ich liebe den milden Geschmack der schleimigen, jungen Blätter und Blüten und schneide die Pflanze nach der Blüte um ein Drittel zurück, sodass sie noch einmal neu treibt. Die Blätter sind gut verträglich, ihre Schleimstoffe beruhigen den Magen-Darm-Trakt.

SONNENLIEBHABER

Im Korb blühen eine rosa Auslese des Wiesen-Salbeis und der Andorn mit seinen winzigen weißen Blüten. Später werden vorne Arznei-Thymian sowie Dost und hinten die Schwarze Königskerze blühen.

Dieser Korb darf warm und sonnig stehen. Die Erde wählt man für Wiesen-Salbei und Andorn kalkreich, die anderen Pflanzen sind anpassungsfähig. Falls die Erde trocken wird, leidet die Schwarze Königskerze. Wer an dieser Stelle eine Kleinblütige Königskerze pflanzt, darf sogar das Gießen manchmal vergessen.

Die Schwarze Königskerze hat violette, wollige Staubfäden und gelbroten Pollen.

WIESEN-SALBEI

Im Frühling schmecken die zarten Blätter und Triebe des Wiesen-Salbeis süßlich aromatisch – sie passen gut in Smoothies, Kräuterquark, Gewürz-Wein oder Süßspeisen. Die leuchtend blauen Blüten sind beliebt bei Insekten und fast zu schade zum Pflücken, sehen aber in Kräuterbutter oder als Deko auf Salaten einfach wunderschön aus.

Blühender Dost mit grobem Salz fein gewiegt gibt ein leckeres Kräutersalz.

SCHWARZE KÖNIGSKERZE

Die Schwarze Königskerze ist die Königskerze mit den wenigsten Haaren auf den Blättern und daher nicht so widerstandfähig gegen Trockenheit wie ihre Verwandten, die ein dichtes Wollkleid auf ihren Blättern tragen. Wie bei der Kleinblütigen Königskerze nehme ich die Blüten zum Aromatisieren von Limo, Bowle, Sekt, Sorbet und Ähnlichem. Der Tee aus den Blüten lindert Reiz-

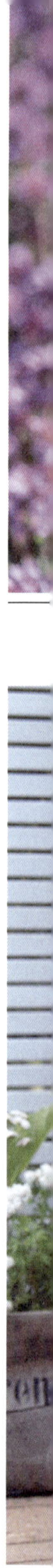

Arznei-Thymian schmeckt scharf und ist während der Blüte am heilkräftigsten.

SORTE ODER WILDFORM?

Wenn ich Wildkräuter essen möchte, pflanze ich in der Regel die Wildform, denn Züchtung verändert auch die Inhaltsstoffe. Die Wildformen sind über Jahrhunderte am besten erprobt. Einfache Farb-Auslesen wie der Salbei in diesem Korb sind normalerweise essbar. Auch bei Arten wie Feldsalat oder Löwenzahn kann man Zuchtsorten wählen, denn sie wurden extra zum Essen gezüchtet. Gärtnereien, die sich auf essbare Wildkräuter spezialisiert haben, haben die Wildformen im Angebot (siehe S. 122).

Je sonniger die Sonnenliebhaber stehen, desto kräftiger duften sie.

husten, der Tee aus den bitter schmeckenden Blättern wirkt entzündungshemmend und reizmildernd.

ARZNEI-THYMIAN

Im Lauf der Jahre muss man den Thymian aus diesem Korb retten, denn der Dost wird ihn gnadenlos überwuchern. Der Thymian ist ein zartes Geschöpf, dass hauptsächlich dort gedeiht, wo andere Pflanzen nicht mehr zurechtkommen, weil es zu steinig, zu trocken oder zu nährstoffarm ist. Wenn man die anderen Pflanzen in Schach hält, wächst der Thymian auch in guter Erde, er ist da sehr anpassungsfähig. Während der Blütezeit summt und brummt es in den vielen, kleinen Blüten.
Er dient genau wie der Echte Thymian als Gewürz oder für Hustentee.

DOST UND ANDORN

Beim Dost (Wilder Oregano) gibt es Auslesen mit mildem, pfeffrigem oder pizzaartigem Geschmack, mehr auf Seite 65. Andorn schmeckt nicht, Näheres zu ihm auf Seite 61.

01

02

KOSTBARES AUS DER WILDEN ECKE

Mitte Mai ist das violette Silberblatt eine Pracht, links blüht die Knoblauchsrauke auf, unten der Gundermann. Das Scharbockskraut ist schon verblüht, Rainkohl und Brombeere blühen ab Juni.

Oh, wie wird bei uns geschimpft, wenn irgendwo eine Ecke verwildert, die Brombeeren das Regiment übernehmen, wilde Samen fliegen ... Aber haben Sie nicht auch die Schwebfliegen gesehen? In diesem Kübel dürfen Pflanzen aus wilden Ecken wuchern, sie lieben gute, nahrhafte Erde und sind allesamt sehr lebenslustig.

BROMBEERE

Hier wächst tatsächlich eine wilde Brombeere. Da man nach jedem Kontakt mit ihr irgendwo Löcher in der Haut hat, wäre auf einem belebten Balkon eine dornenlose Brombeersorte sinnvoller: Balkongeeignete Sorten wuchern nicht so, bringen mehr Ertrag und zum Teil haben sie attraktiv geschlitztes Laub, sodass sie Wände wunderschön begrünen – auch im Winter. Eine Brombeere braucht mindestens 40 Liter Erde. Im ersten Jahr wachsen nur die Brombeerranken, erst im zweiten Jahr bilden sich Blüten und Früchte, im dritten Jahr sterben die Ranken ab. Die neuen einjährigen Ranken binde ich über Sommer an ein Gerüst an und kürze sie, falls sie zu lang werden. Im Februar nehme ich die Seitentriebe der zweijährigen Ranken auf drei bis vier Knospen zurück. Die alten absterbenden Ruten schneide ich ganz unten am Boden ab. Übrigens schmecken nicht nur die Früchte, sondern auch der Tee aus überzähligen Blättern.

03

04

01 Brombeeren – prall gefüllt mit gesunden Inhaltsstoffen

02 Schote des Silberblatts mit umhüllten Samen und Silbertalern

03 „Unkraut" aus wilden Ecken kann sehr lecker schmecken.

04 Am Vormittag sind Schwebfliegen begeistert vom Rainkohl.

SILBERBLATT

Es ist vom Geschmack her nicht mein Lieblingskraut, aber im Winter ist es quietschgrün, saftig und schmeckt dann nach dem Umblatt vom Weißkohl, sodass man es als frisches Grün in Wintersalate schmuggeln kann. Wenn die Samen im August/September überall in den Kübeln der Terrasse verstreut werden, keimen immer einige vor dem Winter, sodass man über Winter ernten kann. Der Rest wird im Frühling bei der Keimung gejätet, gegessen oder, wo Platz ist, als wunderschöne Blume bewundert und zur Samenbildung stehen gelassen. Die Blüten duften übrigens nur nachts – für die Nachtfalter.

KNOBLAUCHSRAUKE

Ich säe sie im August sehr dicht in einen großen Topf mit gut verrottetem Pferdemist, den ich über Winter ständig feucht halte. Im Frühling schießen dann die herzförmigen Blätter dicht an dicht empor und sind gerade recht für einen wunderbaren Frühlingssalat. Pflanzen, die blühen sollen, brauchen Abstand. Die Triebspitzen der aufblühenden Pflanzen, wie sie hier im Kübel stehen, schmecken lecker als Knofi-Raukensalz auf Butterbrot. Dazu 70 g Knoblauchsrauke mit 10 g Salz im Mixer zu Brei verarbeiten. Hält sich im Schraubdeckelglas im Kühlschrank ein Jahr lang, falls man es nicht vorher aufisst.

RAINKOHL

Er ist auf dem Foto oben in der Mitte der zweite von links, eine unscheinbare Pflanze, obwohl er im Sommer Mannshöhe erreicht. Kleine gelbe Blüten schweben dann einzeln auf hauchzarten Stängeln, Schwebfliegen sirren umher. Im März/April fallen die Rosetten am Wegesrand unter „irgend so ein Grünzeug". Wer die zarten Frühlingsblätter einmal probiert, wird aber vom feinen Geschmack nach Chicorée und Kohl überrascht sein und sie gerne verwenden. Ab Mai werden sie zu bitter. Für alle, die noch mehr Vielfalt wollen: Im Herbst kann Hohlzahn auf freie Flächen im Kübel ausgesät werden.

Der angenehme Minzgeruch der Bergminze lockt Wildbienen, Schmetterlinge und Schwebfliegen an.

MEDIZIN VOM WEGESRAND

Im Juni blühen Moschus-Malve und Echte Kamille um die Wette, die kleinen Blüten des Andorns sind nicht so auffällig. Ab Juli werden auch Schafgarbe und Kleinblütige Bergminze ihre Blüten öffnen.

Man kann jetzt im Juni schon erahnen, dass der Topf im nächsten Jahr zu eng wird. Im Frühling topft man die Pflanzen aus, setzt sie sinnvoll verteilt in einen Kübel mit dem dreifachen Erdinhalt und sät die Kamille wieder dazwischen. Im nächsten Jahr werden die Pflanzen so groß, dass man viel ernten kann.

MOSCHUS-MALVE

Ein spanisches Sprichwort sagt: „Malve im Gemüsegarten, lässt den Doktor draußen warten." Malven sind uralte Nutzpflanzen und wurden als Gemüse angebaut, wobei man eher die Wilde Malve wählte, da ihre Blätter mehr Fläche haben. Die Moschus-Malve wirkt aber genauso: Die Schleimstoffe lindern Reizhusten und Reizungen im Magen-Darm-Bereich. Sehr beliebt war ein Brei aus den unreifen Samen, die wie Käselaibe aussehen, weshalb viele Malvenarten auch Käsepappeln heißen.

ECHTE KAMILLE

Obwohl sie als Ackerunkraut gilt, samt sie sich in Kübeln meist nicht selbst aus. Man sät die feinen Samen ab Ende April an einem wind- und regengeschützten Ort oben auf die Erde und drückt sie leicht an. Danach hält man sie bis zur Keimung mit der Sprühflasche ständig feucht. Die Keimlinge werden auf 10 cm Abstand vereinzelt oder in Lücken in Balkonkästen gepflanzt. Man erntet die Blüten einzeln, sobald sie voll aufgeblüht und abgetrocknet sind und trocknet sie im Schatten. Je öfter man erntet, desto mehr Blüten wachsen nach. Die Kamillenblüten wirken gut gegen Entzündungen. Frische Blätter dienen als Gewürz.

ANDORN

Er schmeckt nach Medizin – nicht lecker, aber gesund! Die uralte Arzneipflanze, die schon in der Jungsteinzeit in Mitteleuropa genutzt wurde, ist inzwischen vom Aussterben bedroht. Mir gefällt sie irgendwie mit ihren hübschen grauen Blättern. Ich trockne das blühende Kraut und trinke den Tee bei Magen-Darm-Problemen und Husten. Durch seine Gerbstoffe hilft er auch bei Entzündungen.

KLEINBLÜTIGE BERGMINZE

Volle Sonne, Wärme und karge Erde machen aus der Bergminze wochenlang ein Blütenmeer, in dem es vor Insekten nur so wimmelt. Die erste Pflanze kauft man, sie vermehrt sich durch Ausläufer, sodass sie sich später teilen lässt. Wo sie sich wohlfühlt, sät sie sich auch aus. Blätter, Triebspitzen und Blüten schmecken nach Minze mit Oregano, ergeben einen vorzüglichen Verdauungstee und eignen sich als Aroma für Süßspeisen oder Limo. Da dadurch die Gebärmutter angeregt wird, sollte man in der Schwangerschaft pausieren.

KAMILLENSPASS

Ich lasse frische Blüten 12 Stunden in Weißwein ziehen, siebe ab und spritze mit Mineralwasser auf. Natürlich funktioniert's auch mit Wasser, Saft und Sprudel. Auch Kamilleneis schmeckt köstlich.

Kamillenblüten trocknen auf einem Tuch.

Im Juni blühen Moschus-Malve und Kamille.

EIN KORB VOLL KÖSTLICHKEITEN

Ganz oben blüht die Pfirsichblättrige Glockenblume, darunter Kleiner Wiesenknopf, Rote Spornblume und Margerite. Unten rechts bildet die zarte Rundblättrige Glockenblume gerade erst ihre Knospen.

Beim Anblick dieses Korbes bekomme ich wirklich Appetit, denn er ist mit vielen Leckereien gefüllt. Ein Teilnehmer meiner Kräutertouren probierte neulich extrem skeptisch die Blüte einer Rundblättrigen Glockenblume und war dann so begeistert, dass ich die Gruppe schnell weiterführen musste. Sonst wären alle Glockenblumen weg gewesen.

GLOCKENBLUMEN

Die Blätter aller Glockenblumen, die im Buch beschrieben sind, schmecken mild salatähnlich. Die Blätter der Pfirsichblättrigen und Nesselblättrigen Glockenblume lassen die Schnecken allerdings links liegen, denn ihre Blätter sind hart, bzw. behaart, was auch ich nicht mag. Blätter und Triebspitzen der restlichen Arten eignen sich im April/Mai wunderbar als Salat – falls man es übers Herz bringt, sie zu ernten. Die Blüten aller Arten schmecken prima und sind eine schöne Deko, größere lassen sich prima mit Frischkäse füllen. Auch die Wurzeln schmecken ausgezeichnet. Die Glockenblumen unterscheiden sich stark in ihren Standortansprüchen, sodass man für jeden Balkon eine geeignete Art findet.

ROTE SPORNBLUME

Sie kommt aus dem Mittelmeerraum und ist bei uns zunächst in warmen Gebieten verwildert. Inzwischen klettert sie samt Klimawandel nicht nur den Schwarzwald hinauf, sondern erobert entlang der Bahngleise auch die Alpentäler und den kühleren Norden. Auch Großstadtklima bekommt der Roten Spornblume gut. Am liebsten wächst sie vor warmen, sonnigen Mauern, gern auch in winzigen Ritzen. Unter der Ritze steckt die Pfahlwurzel aber tief im Boden, sodass sie auch im Kübel ausreichend Erdvolumen braucht. Es darf ruhig magere, steinige Erde sein. Die Wildform blüht hellrosa. Hier im Kübel blühen eine rote und eine weiße Sorte, die kompakter wachsen als die Wildform und mehr hermachen. Ich pflücke die jungen, milden Blätter im März/April für Salate, schneide die knospigen Blütenstände als Gemüsezutat und zupfe die Blüten als Deko. Besonders gern beobachte ich bei sonnigem Wetter das Taubenschwänzchen, das mit seinem langen Rüssel den Nektar aus den langen Blütenröhren saugt. Dabei schwebt es irre schnell wie ein Kolibri vor den Blüten. Bald darauf erscheinen die ersten Samenschirme, die, wo es nicht zu kühl und nass ist, gern und schnell keimen.

Der Korb voll Köstlichkeiten reizt Wildkräuter-Fans zum Naschen.

MARGERITE

Die weißen Randblüten der Margeriten schmecken sogar skeptischen Wildkräuter-Anfängern. Die zarten Knospen sind echte Leckerbissen, das Aroma geht etwas Richtung Ananas. Die Blätter schmecken im Frühling beim Austrieb mild und zart, später kommt der typisch schärflich-kratzige Chrysanthemen-Geschmack durch, der im Sommer immer stärker wird und nicht jedermanns Sache ist.

In Asien wird diese Geschmacksrichtung in den Asia-Salaten durch die Salat-Chrysantheme *(Chrysanthemum coronarium)* vertreten, die man extra dafür anbaut. Unsere heimische Margerite eignet sich gut als Ersatz und wächst bei uns besser.

KÖSTLICHER FRÜHLINGSSALAT

Zupfen Sie im März oder April die zarten, frischen Blätter von verschiedenen Glockenblumen, Margeriten, Kleinem Wiesenknopf und Spornblume! Falls vorhanden frisch treibende Blätter von Wiesen-Labkraut, Lungenkraut, Teufelskralle, Löwenzahn, Giersch und Schlangen-Wiesenknöterich hinzugeben, alles zweimal kräftig im Spülbecken durchwaschen und klein schneiden. Als Salatsoße eignet sich Olivenöl mit Zitrone und Salz, dazu milde Pfefferonis.

Taubenschwänzchen an Roter Spornblume

Margeritenblätter – jünger und frischer geht es nicht

ROSA BLÜTENTRAUM

Kartäuser-Nelke, Rosen und Dost bilden eine Symphonie in Rosa. Das Kleine Mädesüß wollte weiß dazwischen blühen, ist aber ein wenig untergegangen und streckt nun nur noch unten rechts zwei Blätter heraus.

Kleines Mädesüß und Kartäuser-Nelke sind nicht besonders durchsetzungsfreudig und brauchen in diesem Kübel eine ordnende Hand, damit sie überleben. Im nächsten Frühling bekommen die Pflanzen daher am besten einen etwa dreimal so großen, länglichen Kübel mit schwach gedüngter Erde. Der wuchsfreudige Dost kommt samt der kräftigeren Rose auf die eine Seite, die schwächere Rose, Mädesüß und Nelke auf die andere Seite. Die Äste der Rose dürfen Mädesüß und Nelke nicht zu stark beschatten.

ROSEN

Hier blühen die ADR-Bodendecker-Rosen 'Juanita' und 'Medeo'. Im Vergleich zu Wildrosen bleiben sie mit ihren 70 bis 80 cm niedrig. Sie blühen von Juni bis September und ihre ungefüllten, leicht duftenden Blüten locken jede Menge Insekten an. Im Herbst bilden sich kleine, orangefarbene Hagebutten. Man kann die Blütenblätter aller Rosensorten essen oder trocknen und duftende Tees daraus brühen. Jede Sorte schmeckt anders. Manche recht lieblich und angenehm, andere enthalten so viele Gerbstoffe, dass die Mundschleimhäute pelzig werden. Auch die Hagebutten schmecken alle etwas anders. Es ist spannend, die unterschiedlichen Sorten zu probieren. Dazu nagt man einfach das Fruchtfleisch um die Kerne herum ab. Die Hagebutten der wilden Hundsrose finde ich am leckersten, aber die großen Pflanzen würden jeden Kübel sprengen. Wer eine Wildrose im Kübel halten möchte, wählt am besten die Essig-Rose (*Rosa gallica*, siehe S. 100), sie bleibt zierlich und kommt mit wenig Erde und Dünger zurecht.

Hainschwebfliege im Anflug auf Rose 'Juanita'

KARTÄUSER-NELKE

All unsere heimischen Nelkenarten sind in freier Natur sehr selten geworden, denn wo gedüngt wird, werden sie von anderen Pflanzen verdrängt. Da die Blüten einen wunderbaren Duft verströmen und prima schmecken, ist es reizvoll, ihnen auf dem Balkon einen Überlebensraum zu schaffen. Die Jungpflanzen darf man nicht aus freier Natur entnehmen, aber es gibt die Wildformen zu kaufen. Die Kartäuser-Nelke bildet auf ein bisschen magerer Erde grasartige, niedrige Polster. Wenn sie genug Sonne bekommt, wachsen daraus ab Mai jede Menge Blütenstängel empor. Sobald sich die Blüten entfalten, lockt der Duft alle Schmetterlinge der Umgebung an. Eigentlich ist es schade, die Blüten zu essen, aber in Salaten, Süßspeisen oder Getränken sind sie auch ein Augenschmaus.

Der Kübel sieht wunderschön aus und duftet himmlisch. Geerntet werden leider die Blüten.

DOST

Er ist unverwüstlich, wächst und vermehrt sich schnell und die Insekten lieben ihn über alles. In Kübeln mit anderen Pflanzen muss man ihn sehr in Zaum halten, weil er gern das Regiment übernimmt. Mit Rosen verträgt er sich gut. Ich ernte die blühenden Triebe, streife Blätter und Blüten von den holzigen Stängeln und trockne sie im Schatten auf Zeitungspapier. Wenn sie rascheln, rebele ich alles zwischen den Händen. Die feinen Teile verwende ich als Gewürz, die gröberen als Tee – mit Zitronenverbene vermischt mein Lieblingstee, im Winter mit etwas Ingwer.

KLEINES MÄDESÜSS

Im Gegensatz zu seinem großen, recht durchsetzungsfreudigen Bruder, dem Echten Mädesüß, der wie Zuckerwatte auf feuchten Wiesen blüht, bevorzugt das Kleine Mädesüß trockene, magere Standorte. Nur dort wird die selten gewordene Art nicht von anderen Pflanzen überwuchert, genauso wie die Kartäuser-Nelke, deshalb wachsen beide gerne zusammen. Beim Kleinen Mädesüß ist die ganze Pflanze essbar, aber nicht jedermanns Sache, denn mit ihrem mandel-süßlichen Geruch vertrieb man früher die Hexen. So gibt es viele Menschen, die die Blüten begeistert zum Aromatisieren von Nachtischen, Limo oder Tee verwenden, es gibt aber auch Menschen wie mich, die die Nase rümpfen. Unbestritten ist die medizinische Wirkung. Genau wie beim Echten Mädesüß kann man Blüten und Kraut des Kleinen Mädesüß trocknen und bei Bedarf als Tee gegen Fieber und Schmerzen trinken.

GRÜNER SICHTSCHUTZ

Hier schützt der Hopfen vor Blicken. Eignen würden sich auch Brombeere, Himbeere, Johannisbeere und Rose, die man allesamt am Spalier ziehen kann – so blickdicht wie den Hopfen allerdings nicht.

HOPFEN

Blätter und Stängel des Hopfens werden im Frost braun und bieten über Winter wenig Sichtschutz. Im Frühling schneidet man alle oberirdischen Pflanzenteile ab. Die neuen Triebe, die aus dem Wurzelstock treiben, umwickeln das Rankgitter mit rasanter Geschwindigkeit. Die Wildform des Hopfens wuchert nicht ganz so extrem wie die Zuchtformen.

Von März bis Mai ernte ich die rötlich gelben, 6 bis 8 cm langen Sprossen, die aus der mit Laub abgedeckten Erde treiben. „Hopfenspargel" ist eins der teuersten Gemüse, das man kaufen kann. Es schmeckt köstlich – knackig roh oder kurz gebraten. Wenn die Triebe bereits 25 cm lang und grün sind, kann man sie noch samt Blättchen kochen, dann kratzen sie nicht mehr. Einige kräftige Triebe lasse ich beim Ernten natürlich wachsen, damit das Rankgitter schnell wieder grün wird.

Weibliche Pflanzen bilden auch ohne Befruchtung die zum Bierbrauen begehrten, wunderschönen Hopfenzapfen. Ich pflücke sie etwa Ende August. Nach dem Trocknen nutze ich sie hauptsächlich als beruhigenden Abendtee. Ihr aromatischer Duft wirkt auch, wenn man ein Schlafkissen damit füllt.

Eine immergrüne Sichtschutz-Variante wäre der Efeu, den man aber wegen seiner leichten Giftigkeit kaum verwenden kann, sodass der Anbau nicht lohnt.

HOPFENSALBE

Ich fülle getrocknete Hopfenzapfen mit Jojobaöl in ein Schraubdeckelglas, sodass die Zapfen gut bedeckt sind. Sie stehen zehn Tage bei Zimmertemperatur, wobei ich täglich mehrmals kräftig schüttele. Dann seihe ich durch ein Tuch ab. Das Hopfenöl eignet sich jetzt bereits gut zur Hautpflege, dazu verreibe ich es tropfenweise nach dem Duschen auf der noch feuchten Haut. Für die Salbe verflüssige ich unter Rühren 5 g Kokosöl, 5 g Sheabutter und 2 g Bienenwachs im Wasserbad und rühre am Schluss 60 ml des Hopfenöls dazu. Dunkel und kühl aufbewahrt, hält die Salbe 12 Monate. Sie beruhigt Mitesser und Pickel und hemmt die Faltenbildung

Hopfenöl – natürliches Anti-Aging-Mittel

AM ALTEN STEINBRUCH

Morgen wird der Stauden-Lein blau blühen, Schafgarbe und Natternkopf tun das bereits. Die Schwarze Königskerze braucht noch ein paar Tage und der Blutrote Storchschnabel blüht dann erst nächstes Jahr. Auch eine Tauben-Skabiose würde noch dazupassen.

Ein Kübel für einen sonnigen, eher trockenen Standort mit magerer kalkreicher Erde – so war es gedacht. Es passt auch alles prima, nur statt der bestellten, Trockenheit liebenden Kleinblütigen Königskerze wurde eine Schwarze Königskerze geliefert, die etwas mehr Wasser braucht. Das ist kein Beinbruch – gießen wir eben etwas mehr.
Wenn man die Pflanzen essen möchte, sind Verwechslungen allerdings gefährlich. Deshalb ist es sinnvoll, die Pflanzen zu bestimmen, sollte man unsicher sein. Gut geht das mit der Bestimmungsseite *www.blumeninschwaben.de* oder mit einem Bestimmungsbuch wie „Was blüht denn da?“. Zur Blütezeit kann man am sichersten bestimmen.

SCHAFGARBE

Die durchsetzungsfreudige Staude bohrt ihre unterirdischen Ausläufer gern durch den ganzen Kasten. Man muss sie also in Zaum halten. Von den bitteren, verdauungsanregenden Pflanzen ist sie mir die liebste. Ich knabbere oft nur zum Spaß kleine Stücke der bitteren Blütenschirme und mag sie in meinen Kübeln nicht missen. Besonders bei der Schafgarbe denke ich an unsere Vorfahren, die sie bereits vor 50 000 Jahren knabberten und fühle dann oft eine intensive Verbundenheit mit ihnen. Die Schafgarbe ist in Europa und Asien immer eine wichtige Heilpflanze gewesen, als Soldatenkraut

Stauden-Lein ist in Deutschland vom Aussterben bedroht, wächst aber im Balkonkasten sehr gut.

Diese Pflanzen findet man in der Natur in sonnigen Steinbrüchen oder auf Schotterflächen.

Hier ragen die Schafgarbenblüten zwischen den kleinen Storchschnabelblättern empor.

Der borstig behaarte Natternkopf fällt durch sein leuchtendes Blau sofort ins Auge.

zum Blutstillen und als Frauenpflanze zum Krampflösen. Unter dem Namen „Heil aller Welt" wurde sie universell eingesetzt.

NATTERNKOPF

Dieses wunderschöne „Unkraut" zieht Insekten magisch an. Es mag Wärme, Sonne und Trockenheit. Am üppigsten blüht es in kalkiger, magerer Erde. In gut gedüngter Erde bildet es dagegen weniger Blüten und kippt leicht um. Die jungen Blätter sind roh oder gekocht essbar, jedoch nur in kleinen Mengen, da sie wie der Borretsch Pyrrolizidinalkaloide enthalten. Die Verwandtschaft mit dem Borretsch zeigt sich auch am gurkenähnlichen Geschmack, an der unangenehmen Behaarung und dem Aufblühen der Blüten von rosa nach blau. Die Blüten sind eine sehr farbkräftige Deko, zum Beispiel in Kräuterbutter.

STAUDEN-LEIN

Nachmittags fallen alle Blütenblätter zu Boden, am nächsten Morgen verwandelt sich der Stauden-Lein wieder in einen himmelblauen Sommertraum. Mit ein paar Klatschmohnblüten dazwischen ist er für mich ein Bild, an dem ich mich kaum satt sehen kann. Wo es ihm gefällt, ist der Stauden-Lein langlebig, oft wird er jedoch nicht alt. Er versamt sich leicht, wenn man die zarten Sämlinge beim Jäten nicht übersieht. Wer viele Samen zum Essen ernten möchte, baut besser den einjährigen Lein an. Er blüht nicht so ausdauernd, bildet aber mehr und vor allen Dingen größere Samen. Man kann einfach die Leinsamen aus der Küche aussäen.

BLUTROTER STORCHSCHNABEL

Dieser in der Natur selten gewordene Storchschnabel liebt Wärme, Trockenheit und magere, kalkreiche Erde. Manchmal hangelt er sich durch andere Pflanzen, lässt sich aber leicht umleiten, wenn er stört. Nur in nährstoffreicher Erde wuchern die Pflanzen. Seinen Namen erhielt er, weil das unterirdische Rhizom innen rot ist. Auch Stängel und Blätter werden im Herbst häufig rot. Die gerb- und bitterstoffhaltigen Blätter eignen sich als Gewürz, die milder schmeckenden Blüten sehen in Salaten schön aus.

Das Gänseblümchen ist der Liebling der Kinder. Seine Blüten folgen dem Lauf der Sonne.

Der Melissenkorb steht an der Terrassenmauer halbtags sonnig und ganztags hell.

MELISSENKORB

Gänseblümchen und Schnittknoblauch haben sich hier unter die Zitronenmelisse geschmuggelt und lugen nun dort hervor. Günsel und Gundermann werden im nächsten Jahr wunderbar überhängen.

Immer wieder tauchen in meinen Kübeln Pflanzen auf, die ich nicht gesetzt habe. Meist sind sie willkommen. Natürlich muss ich hin und wieder hart durchgreifen, zum Beispiel, wenn ungebetene Vogelmieren alles überwuchern. Sie landen einfach im Salat, genau wie das verirrte Gänseblümchen hier. Der freche Schnittknoblauch kommt aus China, hat also in diesem Buch gar nichts verloren. Da er aber frosthart und bei den Bienen sehr beliebt ist, werde ich ihm nächstes Jahr einen extra Kübel geben, denn mit seinem milden Knoblauchgeschmack ist er ein leckeres Salatgewürz.

ZITRONENMELISSE

Auch sie taucht bei mir oft unerwartet auf. Meist darf sie bleiben, denn in der Küche verwende ich die frischen, zarten Blätter gerne. Beim Einfrieren behalten sie ihr Aroma übrigens besser als beim Trocknen. Auch das Pesto bleibt aromatisch. Der Verwendung sind kaum Grenzen gesetzt. Bei mir landen die Blättchen in Salaten, Gemüsegerichten, Bratlingen, Saucen, auf der Kürbissuppe, im Kräutersalz oder -zucker und natürlich in Limonaden oder als Deko auf Torten. Mehr zur Melisse auf Seite 54.

Links der Günsel mit eiförmigen Blättern, rechts der Gundermann mit herzförmigen Blättern

GUNDERMANN UND GÜNSEL

Sie werden immer wieder verwechselt (siehe S. 90). Beide bilden niedrige Polster mit Ausläufern und im Frühling blaue, aufrechte Blütenkerzen. Beide wachsen auf ausreichend feuchter, nahrhafter Erde extrem rasch, sodass es viel zu ernten gibt. Beide schmecken bitter und zusammenziehend und haben dieselbe medizinische Wirkung. Als bitteres Salatgewürz regen sie die Verdauung an, als Brei oder Tee wirken sie gegen eitrige Wunden, Halsweh, Durchfall und Ähnliches. Es sind uralte heimische Heilpflanzen, die in antiken Kräuterbüchern kaum auftauchen. Der Gundermann mit seinen nieren- bis herzförmigen Blättern war den Germanen als „Herr des Eiters" heilig. Der Günsel mit seinen spatel- bis eiförmigen Blättern wurde im Mittelalter als Wundkraut hoch gelobt. Um beide rankt sich jede Menge Aberglauben, zum Beispiel sollte man nicht am Günsel riechen, weil man sonst Sommersprossen bekam. Der aromatisch riechende Gundermann galt als den Menschen sehr gewogene Pflanze. Mit ihm konnte man gute Geister anlocken und böse vertreiben. Dazu wand man sich Kränze um den Kopf, hängte Büschel in Haus und Stall auf, gab dem Vieh davon zu fressen, aß ihn selber und verwendete ihn zum Bierbrauen.

GRÜNDONNERSTAGSSUPPE

Die Germanen feierten am 21. März ein Fest mit großem Feuer. Dabei gab es als Fitmacher die Neunkräutersuppe – später Gründonnerstagssuppe. Wichtig: Es müssen neun Kräuter hinein. Oft waren es Gundermann, Brennnessel, Giersch, Gänseblümchen, Wegerich, Vogelmiere, Löwenzahn, Taubnessel und Bärlauch. Andere Kräuter wie Schafgarbe oder Günsel dienten als Ersatz. Die Germanen dickten ihre Suppe wohl mit Gerste an und verfeinerten sie mit Milch und Butter.

FÜR SCHATTIGE BALKONE

Schattenblumen blühen eher zart und etwas unscheinbar. Hier sind es Waldmeister, Wald-Erdbeere und der Stinkende Storchschnabel, dessen hübsche rosa Blüten oft einzeln über dem Laub schweben.

Aber auch Schattenpflanzen brauchen etwas Licht. An der Nordseite eines Hauses unter dem Dach wachsen diese drei Pflanzen zwar noch, zur Blüte reicht es jedoch nicht so richtig. Der Waldmeister verträgt am meisten Schatten, kann aber mit genug Feuchtigkeit auch sonniger stehen. Der Stinkende Storchschnabel blüht im Halbschatten am schönsten, in der Sonne dagegen kaum, dafür werden seine Blätter rot, was toll aussieht. Die Wald-Erdbeere braucht, damit sie gut fruchtet, am meisten Sonne, im Schatten punktet sie mit vielen, zarten Blättern und bildet ellenlange Ausläufer.

ERDBEERBLÄTTER-TEE

Zarte Blätter der Wald-Erdbeere – frisch oder getrocknet – mit sprudelndem Wasser aufgießen und eine Viertelstunde ziehen lassen. Die Gerbstoffe aus den Blättern pflegen die Schleimhäute. Mit einer Prise Waldmeister schmeckt es genial.

01

02

STINKENDER STORCH-SCHNABEL

Er riecht etwas unangenehm, wenn man ihn zerreibt, ansonsten ist er mit seinen gefiederten Blättern, den roten Stängeln und den rosa Blüten eine wunderschöne Schattenpflanze – allerdings als „Unkraut“ verschrien. Tatsächlich wächst er unkompliziert und sät sich gern selbst aus, wo es ihm gefällt. Da man ihn leicht ausrupfen kann, stört er nicht. Die Blüten machen sich nett in Salaten. Das Kraut enthält viele Gerbstoffe, die schädliche Bakterien abtöten und die Haut zusammenziehen, sodass es äußerlich bei schlecht heilenden Wunden oder Ausschlägen und innerlich bei Entzündungen im Mundraum oder Durchfall helfen kann.

WALDMEISTER

Er sieht zwar zerbrechlich aus, aber in humoser, leicht feuchter Erde wuchert er mit seinen Rhizomen kraftvoll überall hin. Die Blätter bleiben über Winter grün, wenn es nicht zu eisig wird. Nicht wundern – Waldmeisterpflanzen riechen nicht. Der typische Geruch entsteht erst beim Welken. Er vertreibt übrigens Motten, wenn man einen mit Waldmeister gefüllten Strumpf in den Kleiderschrank legt. Unter dem Kopfkissen sorgt der Duft-Strumpf für guten Schlaf.

DIE DOSIS MACHT DAS GIFT

Wenn Waldmeister welkt, entsteht das duftende Cumarin, das in höherer Dosierung Kopfschmerzen und Müdigkeit hervorruft und über längere Zeit genossen die Leber schädigen kann. Die Schäden sind reversibel. Täglich sollte man nicht mehr als 3 g frischen Waldmeister verzehren!

03

01 Riesige, prunkvolle Blüten gibt's im Schatten nicht, dafür aber viele zarte Schönheiten.

02 Die rosa Blüten des Stinkenden Storchschnabels leuchten hervor.

03 Waldmeister fängt erst beim Trocknen an zu duften. Eins dieser Büschel reicht für einen Liter Bowle.

Im Sommer steht die bunte Blumenwiese auf dem Ostbalkon unter dem Dach, denn im Süden wird's zu heiß.

BUNTE WIESE

Rote Lichtnelke, Margerite, die blauen Kerzen des Günsels, der gelbe Wiesen-Bocksbart und der himmelblaue Lein blühen um die Wette. Das zarte Wiesen-Labkraut wird auch bald aufblühen.

Vormittags blüht es in diesem Kasten wunderbar. Ab Mittag schließt der Wiesen-Bocksbart seine Blüten und beim Lein fallen die Blütenblätter. Die anderen Pflanzen halten die Stellung. Vor allen Dingen die Rote Lichtnelke ist den ganzen Sommer über auch unter schwierigen Bedingungen ein unermüdlicher Dauerblüher.

ROTE LICHTNELKE

Sie ist eine meiner Lieblingspflanzen im Balkonkasten – nicht geschmacklich, aber wegen ihrer Blüten. Da die Blätter über Winter grün bleiben, verwende ich sie in Wintersalaten, wenn sie üppig wuchern. Das kommt häufig vor, denn ich helfe den Pflanzen bei der Selbstaussaat, sodass ich später ganze Sämlingswiesen im Blumenkasten vorfinde. Einige Sämlinge lasse ich stehen, damit ich später wieder Freude an den Blüten habe, die restlichen esse ich auf oder pflanze sie aus in den Garten an Stellen, wo im Halbschatten Boden frei liegt. Wenn die Blüten der Lichtnelken morgens voll Nektar sind, schmecken sie super. Ich pflücke sie zum Frühstück – als Kräuter-Pralinen.

WIESEN-BOCKSBART

Er ist eng verwandt mit der lila blühenden Haferwurzel und schmeckt genauso lecker. Allerdings bildet der Wiesen-Bocksbart nicht so dicke Gemüsewurzeln wie seine Schwester. Seine jungen Blätter und Triebe sind knackig und schmecken vor allem im Frühling mild – eine echte Delikatesse als Salat oder kurz gedünstetes Gemüse. Wer will, kann sie vor dem Austrieb verdunkeln, die gelben Triebe schmecken dann noch köstlicher, enthalten aber weniger gesunde Inhaltstoffe. Man sät ihn im April/Mai etwa 1 cm tief aus. Wer die Blattrosetten im ersten Jahr ernten möchte, sät enger. Im zweiten Jahr brauchen die wüchsigen Pflanzen bis zu 30 cm Abstand.

LABKRAUT

Geschmacklich sind die dicken Triebspitzen des Wiesen-Labkrauts ein absoluter Renner unter den Wildkräutern, denn sie schmecken mild wie Kopfsalat – leicht Richtung Erbse. Wo sich die Pflanzen wohlfühlen, wachsen sie schnell und einfach, sodass man viel ernten kann, meist von März bis November. Außerdem sehen die wild überhängenden Pflanzen auch sehr schön aus. Wenn man die gerade austreibenden Spitzen abknipst, wachsen immer wieder neue nach. Die Blüten duften zwar angenehm und eignen sich als Aroma für Limonade, reichen aber geschmacklich nicht an die Triebspitzen heran.

GRÜNE SOSSE FÜR SPAGHETTI

Für 1 Liter Grüne Soße: Eine große Handvoll junge, zarte, mild schmeckende Triebspitzen oder Blätter, besonders gern Bocksbart, Labkraut, Brennnesseln, Lungenkraut und Giersch, klein schneiden und in 60 g Butter andünsten, bis sie zusammenfallen. Dann einen dicken Esslöffel Mehl darüberstäuben, kräftig rühren, bis das Mehl aufgesogen ist, und unter Rühren langsam mit Wasser und Milch aufgießen. Nun muss alles noch einmal aufkochen, Salz dazu, mit dem Zauberstab kurz pürieren und eventuell mit Sahne verfeinern, ein paar Blüten drauf schwimmen lassen. Fertig.

Die winzigen Blüten des Wiesen-Labkrauts schmecken leicht pfeffrig und sind eine hübsche Deko auf Salaten.

Der Wiesen-Bocksbart ist eine alte Gemüsepflanze – auch seine hübschen Blüten sind essbar.

DIE BESTEN ZUM SCHLUSS: MEINE LIEBSTEN

Giersch, Brennnessel und Löwenzahn gehören zu den wichtigsten Pflanzen in meiner Kräuterküche. Besonders im Frühling nutze ich sie als Gemüseersatz, da sie auch in großen Mengen schmecken.

Alle drei gedeihen nur in gut gedüngter, humoser Erde. Ich topfe sie in gut verrotteten Kompost, den ich mit etwas Kokosfaser mische, damit alles locker bleibt. Häufig reicht es, etwas wurzeligen Boden von Stellen zu holen, wo die Pflanzen in der Natur wuchern, und ihn oberflächlich in den Kompost zu mischen. Danach wird es spannend, was so alles wuchert. Giersch, Löwenzahn und Brennnessel sind meist dabei. Im Haselnussstecken-Kübel kam auf diese Weise auch der Aufrechte Sauerklee zu mir. Viele andere Neuankömmlinge habe ich nach der Keimung bereits gejätet oder aufgegessen.

LÖWENZAHN

Im Frühling liebe ich Löwenzahnsalat aus ganzen Pflanzen samt Wurzeln. Damit ich viel davon essen kann, säe ich die Schirme von Pusteblumen 0,5 cm tief mit einem Abstand von 1 cm aus. Wenn alle keimen, nasche ich, wo es zu dicht wird. Bis zum nächsten Frühling sind die Pflanzen groß genug zum Ernten. Wenn die Knospen fast noch unsichtbar zwischen den Blättern stecken, schmecken die kleinen Pflanzen am besten. Natürlich lasse ich immer einige stehen, damit es schön blüht und ich auch später noch ernten kann. Größere Blätter wirken stark harntreibend und regen Leber und Galle an – eine wunderbare Frühjahrskur.

BRENNNESSEL

Zarte Triebspitzen der Großen Brennnessel schmecken prima roh im Salat, dazu kann man die Brennhaare mit einem Nudelholz kräftig zerdrücken, damit im Mund nichts piekt. Sobald man Blätter erhitzt, geben die Brennhaare freiwillig ihren Geist auf. Die zarten Triebspitzen lassen sich wie Spinat verwenden. Sie regen Stoffwechsel und Immunsystem an, wirken entzündungshemmend, schmerzlindernd und harntreibend – gut als Frühlingskur gegen Rheuma und Arthrose. Brennnesseln enthalten viel Eisen, das vom Körper besonders gut aufgenommen wird. Wenn man ab März/April regelmäßig Triebspitzen erntet, sprießen aus den Blattachseln sofort neue Triebspitzen, die wieder geerntet werden können. Natürlich muss man die Pflanzen über Sommer eine Weile ungestört wachsen lassen, damit die Wurzeln in der Lage sind, wieder Kraft zu sammeln. Dazu brauchen sie genug Dünger.

AUFRECHTER SAUERKLEE

Er wächst in jeder normalen Erde und sorgt für sich selbst, indem er seine Samen überall durch die Gegend schießt. So ist es ihm auch gelungen, von Amerika nach Deutschland zu kommen und sich hier innerhalb von

01

02

03

SCHNELLER BRENNNESSELSPINAT

Olivenöl in einer Pfanne erhitzen und ein bis zwei Handvoll zarte Brennnesselspitzen darin braten. Wenn die Spitzen zusammenfallen, etwas Salz darüber streuen und fertig ist der leckere Spinat.

200 Jahren gewaltig zu vermehren. Leider schmeckt er nicht so gut wie unser heimischer Wald-Sauerklee, der die zarteren Blätter und die angenehmere Säure bildet. Trotzdem, wenn er bei Ihnen auftaucht, können Sie seine kleeförmigen Blätter, die gelben Blüten und auch die Früchte essen.

DÜNGER FÜR DIE HUNGRIGEN

Mit Kompost sind hungrige Pflanzen in großen Kübeln eine Weile versorgt. Normal gedüngte Erde kann man mit Horngries oder organischen Düngepellets aus Schafwolle, Klee, Biogas-Gülle oder Ähnlichem mischen. Zum schnellen Nachdüngen im Sommer eignen sich Bio-Flüssigdünger aus Vinasse, Maissamenextrakt, Getreide, Kartoffeln, Proteinhydrolysat oder anderen Abfallprodukten aus der Futter- oder Lebensmittelindustrie. Zur Bildung vieler zarter Blätter sollte die Prozentzahl vor dem „N" auf dem Etikett groß sein, denn die Pflanzen dieser Seite lieben Stickstoff.

01 Meine Lieblinge: Giersch, Löwenzahn und hinten rechts die Brennnesseln

02 Brennnesselspinat enthält viel Eisen, das vom Körper sehr gut aufgenommen wird. Mit Rahm schmeckt er besonders lecker.

03 Im Kübel aus Haselnussstecken blüht unter den Brennnesseln der Aufrechte Sauerklee – essbar, aber nicht besonders lecker.

PFLANZENPORTRÄTS

— *von A bis Z*

LEGENDE

- sonniger Standort
- halbschattiger Standort
- schattiger Standort
- insektenfreundlich

Die Sortierung der Pflanzen erfolgt von A bis Z nach den deutschen Gatttungsnamen, daher steht z. B. der Wiesen-Bocksbart unter B und die verschiedenen Glockenblumen-Arten unter G.

ANDORN

— *Marrubium vulgare*

Wuchs Die etwa 30 cm hohe Staude mit den edel aussehenden Blättern blüht von Juni bis August unscheinbar weiß.
Pflege Humose, durchlässige, leicht gedüngte Erde mit ausreichend Kalk und Ton. Andorn liebt Wärme und Trockenheit, darf aber nie völlig austrocknen. Abstand 30 cm.
Vermehrung Aussaat des Lichtkeimers im Mai ist heikel, einfacher ist die Pflanzung. Bei älteren Pflanzen kann man im Frühling seitlich Wurzeln abstechen und umpflanzen.
Ernte Zum Trocknen den oberen Teil der Triebe während der Blütezeit ernten, sonst die Blätter nach Bedarf.
Verwendung Der bittere Tee hilft gegen Verdauungsstörungen und bei Husten.

BARBARAKRAUT

— *Barbarea vulgaris*

Wuchs Im ersten Jahr bildet sich eine Blattrosette, die in milden Wintern grün bleibt. Im zweiten Jahr erscheinen ab April die bis zu 1 m hohen Blütenstände.
Pflege Die Pflanzen lieben lockere, humose, nährstoffreiche, immer feuchte Erde im Balkonkasten, z. B. neben Hirschhornwegerich. Wer über den Winter knackige Blätter ernten möchte, kann bei Kälte einen Schutz aus Vlies auflegen. Abstand 10 cm.
Vermehrung Lichtkeimer im März/April oder im August/September aussäen.
Ernte Die ganze Pflanze ist essbar. Am besten schmecken zarte Blätter vor der Blüte.
Verwendung Die kresseähnlich scharfen Blätter peppen Salate auf.

BÄRLAUCH

— *Allium ursinum*

Wuchs Die 30 cm hohe Zwiebelpflanze entfaltet ihre weißen Blütenkugeln im Mai.
Pflege Lockere, humose, nicht zu saure Erde. Von Februar bis Mai muss die Erde feucht sein. Bis Mai liebt Bärlauch die Sonne, danach braucht er Schatten. Im Juni zieht er sich zurück. Pflanzabstand 20 cm.
Vermehrung Am besten kauft man eine Pflanze. Wenn sie sich wohlfühlt, vermehrt sie sich durch Tochterzwiebeln und Samen.
Ernte Blätter vor der Blüte, aber der Rest der Pflanze ist auch essbar.
Verwendung Blätter roh im Salat, als Brotbelag oder Pesto. Wirkt stoffwechselanregend, leicht antibakteriell und senkt zu hohe Blutdruck- und Cholesterinwerte.

BÄRWURZ

— *Meum athamanticum*

Wuchs Die Staude wird je nach Boden 30 bis 60 cm hoch. Ihre weißen Doldenblüten erscheinen im Mai/Juni.
Pflege Die dicken Pfahlwurzeln brauchen tiefe Kübel mit humoser, nicht zu nährstoffreicher, leicht saurer, feuchter Erde. Sie sind empfindlich gegen Bodenpilze, Trockenheit und Hitze. Pflanzabstand 30 cm.
Vermehrung Man kauft eine Pflanze oder sät den Kaltkeimer im August/September.
Ernte Die ganze Pflanze ist essbar.
Verwendung Zarte Blätter als verdauungsförderndes Suppengewürz – sie sind so aromatisch wie Liebstöckel, Geschmack Richtung Dill und Anis. Wurzeln und Blütenstände als Gemüse, Samen als Gewürz.

BEINWELL
— *Symphytum officinale*

Wuchs Die großblättrige Staude wächst 80 bis 150 cm hoch. Ihre violetten oder gelbweißen Blütenglöckchen erscheinen von Mai bis September.
Pflege Die dicken Pfahlwurzeln benötigen einen großen Kübel mit humoser, nährstoffreicher, feuchter Erde. Nicht mit anderen Pflanzen kombinieren!
Vermehrung Jungpflanze kaufen oder Aussaat (Kaltkeimer) im frühen Frühjahr oder Spätherbst.
Ernte Blätter und Blüten im Sommerhalbjahr, Wurzeln im Winterhalbjahr.
Verwendung Salbe (siehe S. 35) oder Wurzelbrei hilft bei Verstauchungen, Gelenkschmerzen und schlecht heilenden Wunden.

WIESEN-BOCKSBART
— *Tragopogon pratensis*

Wuchs Die ein- bis mehrjährige, bis zu 70 cm hohe Pflanze öffnet von Mai bis Juli vormittags bei sonnigem Wetter ihre gelben Blüten. Mittags schließen sie sich wieder.
Pflege Durchlässige, nährstoffreiche, sandig-humose, aber nicht zu saure Erde mit gleichmäßiger Feuchte im Kübel. Pflanzabstand 30 cm.
Vermehrung Dunkelkeimer im März/April oder Oktober 1 bis 2 cm tief aussäen.
Ernte Die ganze Pflanze ist essbar.
Verwendung Am besten schmecken mir die jungen, zarten Blätter und Triebspitzen im Frühling als Salat, sie sind knackig und angenehm mild. Die gelben Blütenstrahlen eignen sich als Deko.

BORRETSCH
— *Borago officinalis*

Wuchs Die einjährige, rauhaarige Pflanze wird 50 bis 100 cm hoch. Ihre blauen Blüten begeistern von Juni bis September.
Pflege Humose, nährstoffreiche, immer leicht feuchte Erde. Da das weiche Gewebe bei Wind leicht knickt, brauchen sie Windschutz. Pflanzabstand 50 cm.
Vermehrung Man sät die dicken Samen von April bis Juli. Sie keimen leicht.
Ernte Die ganze Pflanze ist essbar, kann in größeren Mengen genossen Krebs auslösen.
Verwendung In kleinen Mengen schmecken die frischen Blätter im Kräuterquark wunderbar nach Gurke. Die Blüten verwende ich als süße Deko auf Salaten und Süßspeisen.

BRENNNESSEL
— *Urtica dioica*

Wuchs Die 30 bis 120 cm hoch wachsende Staude blüht ab Juni.
Pflege Der Stickstoffzeiger braucht Kübel mit humoser, sehr nährstoffreicher, immer leicht feuchter Erde. Pflanzabstand 30 cm.
Vermehrung Entweder eine Pflanze kaufen oder bei einem Brennnessel-Besitzer im Frühling ein paar Rhizome ausgraben.
Ernte Die ganze Pflanze ist essbar. Am besten schmecken die zarten Triebspitzen vor der Blüte und im Herbst die Samen.
Verwendung Die mineral- und vitaminhaltigen Blätter als Salat oder Gemüse (siehe S. 77), getrocknet für den Winter als Suppengrün; medizinisch als Tee oder Saft bei Rheuma und Arthrose.

DOST
— *Origanum vulgare*

Wuchs Die 30 bis 60 cm hohe Staude blüht von Juli bis September rosa.
Pflege Die robusten wilden Oregano-Pflanzen kommen in Kübel oder Balkonkasten mit humoser, lockerer, nicht zu nährstoffreicher Gartenerde zurecht und vertragen viel Hitze, solange sie genug Wasser bekommen. Pflanzabstand 30 cm.
Vermehrung Am besten kauft man eine Pflanze. Später werden sie alle zwei bis drei Jahre im Frühjahr oder Herbst geteilt.
Ernte Man erntet die blühenden Triebe und trocknet sie im Schatten. Natürlich lässt sich auch die frische Pflanze verwenden.
Verwendung Schmeckt als Tee oder gerebelt als Pizzagewürz.

EIBISCH
— *Althaea officinalis*

Wuchs Die 180 cm hohe, relativ windfeste, unter Naturschutz stehende Staude blüht von Juli bis September zartrosa.
Pflege Die kräftige Pfahlwurzel braucht genug Platz und Feuchtigkeit im Kübel, ist aber sonst recht anpassungsfähig. Der Wurzelstock treibt erst Mitte Mai. Pflanzabstand 40 cm.
Vermehrung Als Pflanze kaufen.
Ernte Blüten und zarte Blätter im Sommer, Wurzeln im Winter.
Verwendung Blüten und Blätter schmecken mild und angenehm schleimig, ebenso die getrockneten Wurzelstückchen. Nebenbei helfen sie durch ihre Schleimstoffe bei Husten und Magengrimmen.

WALD-ERDBEERE
— *Fragaria vesca* var. *vesca*

Wuchs Die 20 cm hohe Staude blüht im April/Mai weiß, die Erdbeeren erscheinen im Juni/Juli.
Pflege Der pflegeleichte Wucherer liebt nährstoffreiche, humose, leicht feuchte Erde im Balkonkasten. Überflüssige Ausläufer abschneiden. Pflanzabstand 25 cm.
Vermehrung Bewurzelte Ausläufer eintopfen, sie wachsen leicht an. Aussäen kann man den Lichtkeimer im April/Mai.
Ernte Die ganze Pflanze ist essbar, Blätter für Tee zur Blütezeit.
Verwendung Die Erdbeeren nasche ich am liebsten frisch. Der gerbstoffhaltige Tee hilft gegen leichte Entzündungen im Mund oder bei leichtem Durchfall.

FELDSALAT
— *Valerianella locusta*

Wuchs Die zierliche, etwa 20 cm hohe, einjährige Wildpflanze öffnet ihre winzigen, blassblauen Blüten im April/Mai.
Pflege Die anspruchslose Pflanze wächst im Topf oder Balkonkasten in jeder einigermaßen nährstoffreichen, nicht zu trockenen Erde. Abstand 8 cm.
Vermehrung Die Aussaat gelingt am besten im August/September. Lässt man im Frühling Pflanzen blühen, säen sie sich selbst aus.
Ernte Die kleinen Rosetten den ganzen Winter über möglichst oberhalb vom Herz schneiden, so treiben neue Blätter nach.
Verwendung Als Salat – der Geschmack ist aromatischer und kräftiger als bei den Kultursorten, der Ertrag aber geringer.

FRANZOSENKRAUT — *Galinsoga parviflora*

Wuchs Das 10 bis 90 cm hohe, einjährige „Unkraut" blüht von Juni bis Oktober wie ein verunglücktes Gänseblümchen mit zu kurzen, weißen Strahlen.
Pflege Gedeiht in jedem Balkonkasten mit einigermaßen nahrhafter, ausreichend feuchter Erde, wenn es nicht zu windig ist. Sehr frostempfindlich. Abstand 10 cm.
Vermehrung Man sät den Lichtkeimer von Mai bis Mitte Juli.
Ernte Die ganze Pflanze ist essbar.
Verwendung Alle zarten Pflanzenteile für Salate, gröbere für Gemüse. Auch die Samen sind lecker. Wer gegen das rasante Wachstum nicht ankommt, kann das Kraut auch als Suppengrün für den Winter trocknen.

GÄNSEBLÜMCHEN — *Bellis perennis*

Wuchs Die kleinen Stauden blühen hauptsächlich im Frühling und Herbst.
Pflege Nährstoffreiche, lehmige, leicht feuchte Erde. Abstand 8 cm.
Vermehrung Man sät den Lichtkeimer von März bis Juni.
Ernte Die ganze Pflanze ist das gesamte Jahr über essbar.
Verwendung Die Blattrosetten schmecken im Winter nussig, ähnlich wie Feldsalat, kratzen aber manche Menschen unangenehm im Hals. Am besten schmecken zarte Blätter und junge Knospen. Im Frühling sind die Blüten eine Deko auf Salaten. Sie wirken leicht stoffwechselanregend und entzündungshemmend.

WEISSER GÄNSEFUSS
— *Chenopodium album*

Wuchs Das einjährige „Acker-Unkraut" wächst je nach Nahrungsangebot 10 bis 180 cm hoch. Von Juli bis September blüht es grün.
Pflege Humose, nährstoffreiche, gleichmäßig feuchte Erde.
Vermehrung Der Lichtkeimer keimt oft erst im Mai, wenn es warm genug wird. Abstand 10 bis 20 cm.
Ernte Junge, zarte Blätter und Blütenstände, Samen. Bei etwa 20 cm Pflanzenhöhe beende ich den Anbau und säe neu.
Verwendung Zarte Pflanzenteile schmecken gut als spinatähnliches Gemüse oder im Salat. Sie enthalten 18-mal so viel Vitamin C wie Kopfsalat.

GIERSCH
— *Aegopodium podagraria*

Wuchs Die bis zu 100 cm hohe Staude bildet im Juni/Juli weiße Doldenblüten.
Pflege In einem Kübel mit nährstoffreicher, lockerer, immer leicht feuchter Erde wuchert der Giersch wie wild.
Vermehrung Giersch-Besitzer sind fast immer bereit, im Frühling oder Herbst Rhizomstücke abzugeben, die einfach anwachsen und austreiben.
Ernte Die ganze Pflanze ist essbar.
Verwendung Besonders gut schmecken die gerade austreibenden, noch gefalteten Blätter in Salaten – Richtung Petersilie, Sellerie, Möhre. Junge Blätter koche ich wie Spinat oder trockne sie für Kräutersalz. Knospen und Blüten aromatisieren Limonade.

ACKER-GLOCKENBLUME — *Campanula rapunculoides*

Wuchs Die 30 bis 80 cm hohe Staude öffnet im Juli/August ihre blauvioletten Glocken auf einer Seite des Stängels.
Pflege Gekaufte, nährstoffreiche Pflanzerde oder kalkhaltige, humose Lehmerde eignet sich im Balkonkasten gut. Zeitweilige, leichte Trockenheit übersteht die Pflanze mit ihren Speicherwurzeln recht problemlos. Pflanzabstand 30 cm.
Vermehrung Man kann Pflanzen und Samen kaufen. Wo die Pflanzen sich wohlfühlen, breiten sie sich durch Ausläufer und Samen aus und verdrängen andere zarte Arten.
Ernte Die ganze Pflanze ist essbar.
Verwendung Blüten und junge Blätter schmecken im Salat oder als Gemüse.

KNÄUEL-GLOCKENBLUME — *Campanula glomerata*

Wuchs Die 30 bis 60 cm hohe ausläuferbildende Staude öffnet ihre blauvioletten Glocken im Juni/Juli.
Pflege Das Wichtigste ist ein guter Wasserablauf, denn die Wurzeln vertragen keine Staunässe. Sie lieben Kalkböden, wachsen aber auch in Balkonkästen mit normaler Erde gut. Pflanzabstand 40 cm.
Vermehrung Am einfachsten als Jungpflanze kaufen. Alle paar Jahre teilt man die Pflanzen im Frühling oder Herbst und pflanzt sie in frische Erde.
Ernte Die ganze Pflanze ist essbar. Am besten schmecken Blüten und junge Blätter.
Verwendung Exzellentes Nasch- und Salatkraut. Blüten als Deko füllen.

NESSELBLÄTTRIGE GLOCKENBLUME — *Campanula trachelium*

Wuchs Die 50 bis 100 cm hohe Staude mit brennnesselähnlichen, behaarten Blättern blüht von Juli bis August blau oder weiß.
Pflege Im Frühling braucht sie Sonne. Vollen Schatten verträgt sie nur im Sommer. An sonnigen, nicht zu heißen Standorten überlebt sie nur mit viel Wasser. Sie liebt nährstoffreiche, eher feuchte Erde im windgeschützten Balkonkasten. Abstand 30 cm.
Vermehrung Pflanzen kaufen oder aussäen. Der Licht- und Kaltkeimer samt sich leicht aus und wächst rasch, ist aber nicht besonders langlebig.
Ernte Die ganze Pflanze ist essbar.
Verwendung Ich nutze gern die leckeren großen Blüten, gefüllt oder als Deko.

PFIRSICHBLÄTTRIGE GLOCKENBLUME — *Campanula persicifolia*

Wuchs Die 40 bis 100 cm hohe Staude blüht im Juni/Juli in Blau oder Weiß.
Pflege Balkonkästen mit humoser, einigermaßen nährstoffreicher, kalkhaltiger Erde sind optimal. Durchlässige, normale Erde funktioniert auch. Je mehr Nährstoffe sie bekommen, desto höher wachsen sie. Windschutz ist nötig. Pflanzabstand 25 cm.
Vermehrung Als Jungpflanzen kaufen. Wo sich die Lichtkeimer wohlfühlen, samen sie sich aus. Große Exemplare teilt man im Frühling oder Herbst.
Ernte Die ganze Pflanze ist essbar.
Verwendung Die Blüten eignen sich gut zum Füllen mit Frischkäse. Die Blätter schmecken mild in Salaten oder Gemüse.

KRIECHENDER GÜNSEL — *Ajuga reptans*

Wuchs Aus den niedrigen Rosetten der Stauden sprießen im Mai/Juni die bis zu 30 cm hohen, blauen Blütenkerzen.
Pflege Je nahrhafter die Erde im Balkonkasten ist, desto rascher das Wachstum. Je feuchter, desto sonniger darf das Gefäß stehen. Pflanzabstand 30 cm.
Vermehrung Aus den Rosetten kriechen schnell wachsende Ausläufer. Im Frühling oder Herbst kann man teilen. Die Samen werden von Ameisen verschleppt.
Ernte Die ganze Pflanze ist essbar, schmeckt aber recht bitter.
Verwendung Spitzen der Blütenkerzen und junge Blätter als verdauungsförderndes Gewürz für Salate.

GUNDERMANN — *Glechoma hederacea*

Wuchs Die kleine Bodendecker-Staude streckt ihre blauvioletten Blütenkerzen von März bis Mai etwa 20 cm hoch.
Pflege Im Balkonkasten ist nahrhafte, humose, immer leicht feuchte Erde am besten. Pflanzabstand 30 cm.
Vermehrung Die kriechenden Triebe wurzeln bei Bodenkontakt. Die Pflanzen lassen sich leicht teilen. Auch Aussaat ist möglich.
Ernte Die ganze Pflanze ist essbar, zarte Triebspitzen und Blüten eignen sich am besten.
Verwendung Als bitteres, aromatisches Würzkraut im Salat. Der Pflanzenbrei wirkt entzündungshemmend und zusammenziehend.

GUTER HEINRICH

— *Chenopodium bonus-henricus*

Wuchs Die 20 bis 80 cm hohe, spinatähnliche Staude blüht von Mai bis August unscheinbar grün. Sie steht unter Naturschutz.
Pflege Am besten im Balkonkasten in sehr nährstoffreicher, humoser Erde anbauen. Pflanzabstand 35 cm. Auf ausreichend Flüssigkeit achten.
Vermehrung Kaltkeimer im frühen Frühjahr oder Herbst aussäen. Größere Pflanzen lassen sich im Frühling vorsichtig teilen.
Ernte Die ganze Pflanze ist essbar, am besten schmecken die jungen Blätter beim Austrieb und die zarten Blütenstände.
Verwendung Die Blätter enthalten viel Vitamin C. Ganz jung schmecken sie gut im Salat, später koche ich Spinat daraus.

HIRSCHHORNWEGERICH

— *Plantago coronopus*

Wuchs Die kurzlebige, wenig durchsetzungsfreudige, bis zu 30 cm hohe Staude blüht unscheinbar von Juni bis September.
Pflege Alleine in einen Kübel setzen. In gut ausgereifter, leicht feuchter Komposterde werden die Blätter am zartesten. Den Winter überleben sie gut an geschützten Stellen. Pflanzabstand 20 cm.
Vermehrung Aussaat von April bis August. Fühlen sie sich wohl, samen sie selbst aus.
Ernte Da die Pflanzen wintergrün sind, kann man die Blätter das ganze Jahr ernten. Die ganze Pflanze ist essbar.
Verwendung Die leicht salzig-nussigen Blätter mische ich unter Blattsalate. Auch Blütenstände und Samen schmecken gut.

HOHLZAHN
— *Galeopsis tetrahit*

Wuchs Das einjährige, 20 bis 100 cm hohe „Unkraut" blüht von Juni bis Oktober rosa.
Pflege Optimal ist lockere, humose, stickstoffreiche Erde im Kübel. Abstand 30 bis 60 cm.
Vermehrung Man sät im Winterhalbjahr 1 bis 3 cm tief aus. Der Kaltkeimer keimt erst dann, wenn er Lust hat, manchmal erst zwei Jahre später. Wenn die Pflanzen einmal etabliert sind, säen sie sich selbst aus.
Ernte Junge Blätter und Triebspitzen, Blüten, Samen.
Verwendung Die Triebspitzen schmecken leicht bitter. Ich esse sie in Salaten und Gemüse und beende die Kultur, wenn mir die Pflanzen zu groß werden.

KNOBLAUCHSRAUKE
— *Alliaria petiolata*

Wuchs Die 20 bis 100 cm hohe Pflanze bildet im ersten Jahr nur Blätter, die kleinen, weißen Blüten erscheinen erst im zweiten Jahr von April bis Juni.
Pflege In lockerer, nährstoffreicher, humoser, feuchter Erde wachsen die Pflanzen am besten. Abstand 20 cm.
Vermehrung Man sät den Kaltkeimer im Herbst oder Frühling. Die Samen keimen manchmal erst nach Jahren. Fühlen sich die Pflanzen wohl, klappt die Selbstaussaat gut.
Ernte Die ganze Pflanze ist essbar.
Verwendung Junge Blätter, Triebspitzen und Blüten schmecken im Salat lecker nach Knoblauch, die Wurzeln nach Meerrettich und die Samen wie Senf.

KLEINBLÜTIGE KÖNIGSKERZE

— *Verbascum thapsus*

Wuchs Die bis zu 200 cm hohen, schlanken Kerzen bilden erst eine Rosette, blühen im zweiten Jahr von Juni bis September gelb und sterben nach der Samenbildung ab.
Pflege Die Erde muss locker und gut drainiert sein. Die Pflanzen sind anspruchslos, wachsen aber umso besser, je mehr Nährstoffe sie bekommen. Abstand 40 cm.
Vermehrung Man sät den Kalt- und Lichtkeimer im Herbst oder frühen Frühjahr. Am besten klappt es, wenn die Pflanzen sich selbst aussäen dürfen.
Ernte Die ganze Pflanze ist essbar, geerntet werden jedoch nur die Blüten.
Verwendung Die Blüten sind eine leckere Deko. Bei Husten wirken sie schleimlösend.

KÜMMEL

— *Carum carvi*

Wuchs Die Zweijährige blüht von April bis Juli im zweiten Jahr mit bis zu 100 cm hohen, weißen Dolden.
Pflege Die tiefe Pfahlwurzel liebt nährstoffreiche, lockere und gleichmäßig feuchte Erde in großen Kübeln. Staunässe verträgt sie nicht. Abstand 20 cm.
Vermehrung Im Herbst oder März/April 1 cm tief direkt in den Kübel säen.
Ernte Die ganze Pflanze ist essbar.
Verwendung Im Frühling schneide ich die zarten Blätter in Salate oder Gemüse, später die jungen Blütenstände. Die reifen Samen sind verdauungsfördernd. Die jungen, einjährigen Wurzeln dienen im Winter frisch geerntet als Würze in Eintöpfen.

WIESEN-LABKRAUT — *Galium mollugo*

Wuchs Die Staude wird 40 bis 80 cm hoch und bildet von Juni bis September immer wieder weiße Blütensternchen. Die Pflanzen hängen gern über.
Pflege Sie liebt humose, nährstoffreiche, immer leicht feuchte Erde im Balkonkasten. Nach einem Rückschnitt treibt sie schnell wieder aus. Pflanzabstand 20 cm.
Vermehrung Die Aussaat klappt direkt nach der Samenreife von Oktober bis März am besten. Große Pflanzen kann man teilen.
Ernte Die ganze Pflanze ist essbar.
Verwendung Von März bis November passen die jungen Triebspitzen zu Salaten und Gemüse. Die duftenden Blütenstände trockne ich und verarbeite sie mit im Kräutersalz.

STAUDEN-LEIN — *Linum perenne*

Wuchs Die etwa 40 cm hohe Staude blüht von Juni bis August himmelblau.
Pflege Sie fühlt sich in durchlässiger, nährstoffarmer, kalkhaltiger Erde im Balkonkasten wohl, wächst aber auch in normaler Erde. Trockenheit und Wärme steckt sie gut weg. Abstand 20 cm.
Vermehrung Man kauft eine Pflanze oder sät den Lichtkeimer von Mitte April bis Mai. Später samen sich die Pflanzen selbst aus.
Ernte Triebspitzen, Blüten, Samen.
Verwendung Die Triebspitzen bereichern vor der Blüte Salate oder Gemüse. Die Samen verwendet man wie normale Leinsamen oder beobachtet die Vögel beim Fressen.
Weitere Art Echter Lein *(L. usitassimum)*.

ROTE LICHTNELKE
— *Silene dioica*

Wuchs Die bis zu 80 cm hohe, kurzlebige Staude blüht von April bis September rosa.
Pflege Als Nässezeiger bevorzugt sie feuchte, nährstoffreiche, humose Erde. Mit ihrem starken Überlebenswillen überlebt sie aber auch bei Gießfaulen. Dort lässt sie ihre Blütenstängel elegant überhängen. Windschutz ist sinnvoll. Abstand 15 cm.
Vermehrung Man sät den Lichtkeimer im März/April. Keimlinge in Tuffs pikieren und Anfang Juni in freie Lücken pflanzen.
Ernte Junge Blätter vor der Blüte und Blüten ohne Kelch.
Verwendung Die jungen, erbsenartig schmeckenden Blätter passen in Salate und Gemüse. Später wird der Geschmack bitter.

LÖWENZAHN
— *Taraxacum officinale*

Wuchs Die etwa 25 cm hohe Staude blüht im April/Mai goldgelb.
Pflege Der Starkzehrer bildet nur in größeren Gefäßen mit stickstoffreicher, gut gedüngter Erde zarte, leckere Pflanzen. Pflanzabstand 10 bis 20 cm.
Vermehrung Samen keimen nach zwei bis vier Wochen.
Ernte Die ganze Pflanze ist essbar. Im März sind noch nicht blühende Pflanzen samt Wurzeln und Knospen im Salat lecker.
Verwendung Junge Blätter schmecken leicht bitter. Die Bitterstoffe fördern die Verdauung, wirken harntreibend und blutreinigend. Aus den Blüten kann man Gelee oder Sirup kochen.

LUNGENKRAUT — *Pulmonaria officinalis*

Wuchs Die 15 bis 30 cm hohe Staude mit den dekorativen, weiß gepunkteten Blättern blüht von März bis Mai rosaviolett.
Pflege Im Frühling brauchen die Pflanzen viel Feuchtigkeit und genug Sonne, im Sommer eher Schatten. Bei Trockenheit schlappen sie, erholen sich aber wieder. Nahrhafte, humose, gleichmäßig feuchte Erde ist optimal. Pflanzabstand 20 cm.
Vermehrung Man kauft eine Pflanze oder sät den Kalt- und Lichtkeimer im frühen Frühjahr aus. Versamt sich gern selbst.
Ernte Blätter und Blüten in kleinen Mengen.
Verwendung Die kieselsäure- und schleimhaltigen Blätter schmecken mild nach Gurke, die Blüten nasche ich gern.

MOSCHUS-MALVE — *Malva moschata*

Wuchs Die bis zu 100 cm hohe Staude blüht von Juni bis September, meist zartrosa.
Pflege Die kräftige Pfahlwurzel mag Wärme und gut drainierte Kübel mit lockerer, nicht zu nährstoffreicher und nicht zu saurer Erde. Zeitweilige Trockenheit im Sommer steckt sie gut weg. Abstand 35 cm.
Vermehrung Da die Pflanzen nur zögerlich und unregelmäßig keimen und nicht gern umgetopft werden, kauft man am besten eine Jungpflanze.
Ernte Die ganze Pflanze ist essbar.
Verwendung Junge Blätter, Blüten und unreife Samen für Salate und Gemüse. Die Schleimstoffe beruhigen Schleimhäute im Mund, Hals und Verdauungstrakt.

WILDE MALVE — *Malva sylvestris*

Wuchs Die bis zu 120 cm hohe, kurzlebige Staude blüht von Juni bis September hell rosaviolett mit dunklen Streifen.
Pflege Der Stickstoffzeiger liebt im Kübel lockere, humose, nährstoffreiche Erde und wohlige Wärme. Bei gleichmäßiger Feuchtigkeit bleiben die Blätter zart. Abstand 30 cm.
Vermehrung Man sät im März/April 0,5 cm tief aus oder kauft eine Pflanze.
Ernte Die ganze Pflanze ist essbar.
Verwendung Junge Blätter, Blüten und unreife Samen bereichern mit ihrem milden Geschmack Salate und Gemüse. Die Schleimstoffe beruhigen gereizte Schleimhäute im Mund, Hals und Verdauungstrakt.
Unterart Mauretanische Malve (s. Foto).

MARGERITE — *Leucanthemum vulgare*

Wuchs Die 30 bis 70 cm hohe Staude blüht von Mai bis Oktober gelbweiß.
Pflege Margeriten sind anpassungsfähig und genügsam. In Balkonkästen mit nicht zu nährstoffreicher Erde gedeihen sie besser, wuchern nicht und werden älter als in nährstoffreicher Erde. Abstand 30 cm.
Vermehrung Man sät den Lichtkeimer von März bis Mai. Die Samen keimen prima, die Pflanzen wachsen schnell.
Ernte Im Winter Blattrosetten und Wurzeln, im Sommer zarte Blätter und Blüten.
Verwendung Ich nasche gern die zarten Blätter, die leckeren Blütenknospen und die weißen Zungenblüten, obwohl sie fast zu schade zum Essen sind.

ÄHRIGE MINZE — *Mentha spicata*

Wuchs Die bis zu 80 cm hohe, duftende Staude blüht im Spätsommer hellviolett.
Pflege Die Pflanzen lieben leicht feuchte, nährstoffreiche Erde in einem großen Kübel. Sie brauchen alle zwei bis drei Jahre frische Erde. Pflanzabstand 30 cm.
Vermehrung Unterirdische Ausläufer erobern schnell den ganzen Kübel. Im Frühling oder Herbst kann man sie abstechen und neu pflanzen.
Ernte Zum Trocknen das ganze Kraut während der Blüte ernten. Naschen jederzeit!
Verwendung Zum vorsichtigen Würzen von herzhaften und süßen Speisen. Gern verarbeite ich einen starken Tee mit Zitronensaft und Gelierzucker zu Minzgelee.

KISSEN-PRIMEL — *Primula vulgaris*

Wuchs Die 15 cm hohe, wintergrüne Staude blüht im März/April meist schwefelgelb, aber auch weiß, rosa oder violett. Die Wildart steht unter Schutz.
Pflege Im Frühling lieben die Pflanzen Sonne, im Sommer ziehen sie schattigere Standorte vor. Die Erde im Balkonkasten sollte humos, nicht zu nährstoffreich und gleichmäßig feucht sein. Abstand 20 cm.
Vermehrung Der Kaltkeimer keimt im Frühling nur zögerlich. Am besten kauft man eine Pflanze, die sich innerhalb weniger Jahre selbst aussamen kann.
Ernte Blüten und Blätter sind essbar.
Vrewendung Ich nutze die Blätter roh oder als Gemüse und die Blüten als Salate.

RAINKOHL
— *Lapsana communis*

Wuchs Die bis mannshohe, schlanke Pflanze blüht von Juni bis September mit vielen hellgelben, löwenzahnähnlichen Blütchen.
Pflege Der Stickstoffzeiger mag im Kübel lockere, humose, nährstoffreiche, immer gleichbleibend feuchte Erde. Windschutz ist sinnvoll. Abstand 10 bis 30 cm. Schießende Pflanzen kräftig ausdünnen.
Vermehrung Der einjährige Lichtkeimer keimt bei Selbstaussaat schon im Herbst und wächst im Frühling weiter.
Ernte Die ganze Pflanze ist essbar.
Verwendung Junge Blätter eignen sich im Frühling für Salate. Je älter die Pflanze wird, desto bitterer werden die Blätter. Bei den Blüten schmecken nur die gelben Teile.

ACKER-RINGELBLUME
— *Calendula arvensis*

Wuchs Die einjährige, ca. 25 cm hohe Pflanze öffnet von Juni bis Oktober ihre 1 bis 3 cm großen Blüten. Sie steht unter Schutz.
Pflege Je wärmer es ist, desto besser gedeiht sie im Balkonkasten in lockerer, nährstoffreicher Erde. Abstand 20 cm.
Vermehrung Von Ende März bis Mai 0,5 cm tief aussäen. Später versamen sich die Pflanzen selbst und bilden dichte Teppiche.
Ernte Knospen und Blüten sind essbar.
Verwendung Die ausgezupften Blütenblätter zieren Salate und Süßspeisen. Als Umschlag, Gurgellösung, Tinktur, Tee oder Salbe (siehe S. 35) wirken sie gegen Entzündungen und fördern die Wundheilung, wie die Garten-Ringelblume *(C. officinalis)*.

ESSIG-ROSE — *Rosa gallica*

Wuchs Die robuste Wildrose wird 1 m hoch und öffnet ihre bis zu 8 cm großen, duftenden, rosa Blüten im Juni/Juli. Die Stacheln sind harmlos.
Pflege Kübel sollten mindestens 40 cm hoch und gut drainiert sein. Die wärmeliebenden Pflanzen sind anspruchslos, lieben aber im Frühling feuchte und nährstoffreiche Erde. Abstand 60 cm.
Vermehrung Wurzelausläufer abstechen.
Ernte Die Blütenblätter und das Fruchtfleisch der Hagebutten sind essbar.
Verwendung Medizinisch am wirksamsten sind die Blüten der Sorte 'Officinalis' – als Deko, in Rosenessig (siehe S. 34) oder in Teemischungen.

ROTKLEE — *Trifolium pratense*

Wuchs Die starkwüchsige Wildstaude wird bis zu 30 cm hoch und öffnet ihre duftenden, rosavioletten Blüten von Mai bis Oktober.
Pflege Nährstoffreiche leicht feuchte Erde in ausreichend großen und tiefen Kübeln. Am besten mischt man etwas lehmhaltige Gartenerde mit ein. Abstand 10 bis 20 cm.
Vermehrung Man sät die Wiesenklee-Samen von April bis August 1 bis 2 cm tief.
Ernte Blüten und Blätter sind essbar.
Verwendung Die süßlichen Blüten nasche ich gern oder lege sie aufs Butterbrot. Sie helfen gegen Wechseljahresbeschwerden. Die Blätter kommen mit in Salate und Gemüse. Wer wenig Platz hat, sät besser den ebenfalls essbaren Weißklee *(T. repens)*.

STAUDEN-RUCOLA
— *Diplotaxis tenuifolia*

Wuchs Einigermaßen winterharte Staude, die von Mai bis Oktober 40 cm hohe Blütenstängel mit gelben Kreuzblüten bildet. Nicht durchsetzungsfreudig, daher eher allein pflanzen oder mit Feldsalat bzw. Hirschhornwegerich kombinieren.
Pflege Die Wilde Rauke liebt lockere, nährstoffreiche Erde, Wärme und Trockenheit, bei gleichmäßiger Feuchtigkeit bleiben die Blätter aber zarter. Abstand 20 cm.
Vermehrung Man sät von April bis August.
Ernte Blütenstängel regelmäßig entfernen, dann kann man den ganzen Sommer über ernten. Alle Pflanzenteile sind essbar. Am besten schmecken die Blätter vor der Blüte.
Verwendung Für Salate und Nudelgerichte.

WIESEN-SALBEI
— *Salvia pratensis*

Wuchs Die 40 bis 60 cm hohe Staude blüht von Mai bis August auffällig blau.
Pflege Am längsten leben die Pflanzen in Kästen mit humoser, kalkreicher, einigermaßen nährstoffreicher, gut durchlässiger Erde. Sie lieben Trockenheit und Wärme, die Erde darf aber nie völlig austrocknen. Pflanzabstand 30 cm.
Vermehrung Im April/Mai aussäen oder im Sommer nicht blühende, leicht verholzte Stecklinge schneiden.
Ernte Die ganze Pflanze ist essbar.
Verwendung Ich nasche junge Blätter am liebsten direkt von der Pflanze oder verwende sie als Gewürz für salzige und süße Speisen. Die Blüten sind eine tolle Deko.

SAUERAMPFER

— *Rumex acetosa*

Wuchs Die bis zu 1 m hohe, schlanke, relativ durchsetzungsfreudige Staude blüht von Mai bis Juli rot.
Pflege Die Pflanzen mögen nährstoffreiche, humose, immer leicht feuchte Erde. Im Halbschatten bleiben die Blätter zarter. Abstand 10 bis 30 cm.
Vermehrung Man sät im April 1 cm tief aus und vereinzelt die Sämlinge auf 10 cm Abstand. Alle vier Jahre kann man große Exemplare im Herbst oder Frühling teilen.
Ernte Am besten schmecken die jungen zitronig sauren Blätter, ältere sind bitterlich.
Verwendung Junge Blätter frisch in Salaten, Frankfurter Soße oder Smoothies. Sparsam verwenden wegen der Oxalsäure.

SAUERKLEE

— *Oxalis acetosella*

Wuchs Die 15 cm hohe Staude blüht von April bis Mai weiß mit violetten Streifen.
Pflege Sehr humusreiche, schwach saure, immer leicht feuchte Erde im Balkonkasten ist optimal. Pflanzabstand 15 cm.
Vermehrung Man sät im April aus. Später vermehren sich die Pflanzen selbst, wenn sie sich wohlfühlen. Das Abstechen von Ausläufern außerhalb der Blütezeit und das Bewurzeln von Rhizomstücken klappen gut.
Ernte Die ganze, zitronenartig sauer schmeckende Pflanze ist essbar. Am besten schmecken die Blätter vor der Blüte.
Verwendung Ich nasche Blätter und Blüten frisch oder peppe Salate damit auf – wegen der Oxalsäure nur in kleinen Mengen.

SCHAFGARBE
— *Achillea millefolium*

Wuchs Die zartblättrige Staude wird 50 bis 80 cm hoch. Ihre weißen Blütenschirme erscheinen von Juni bis Oktober.
Pflege Die nährstoffreiche, lockere, eher trockene Erde im Balkonkasten sollte nie ganz austrocknen. Pflanzabstand 25 cm.
Vermehrung Aussaat des Lichtkeimers Mitte April bis Mitte Mai oder Teilung großer Pflanzen im Herbst oder Frühling.
Ernte Die ganze Pflanze ist essbar.
Verwendung Junge, noch kaum bittere Blätter verwende ich in kleinen Mengen in Salaten und Kräutersalz. Die stark bitteren Blüten knabbere ich bei Völlegefühl oder Übelkeit. Getrocknet dienen Blätter und Blüten im Winter als Magen-Darm-Tee.

SCHARBOCKSKRAUT
— *Ranunculus ficaria*

Wuchs Die Staude wird 5 bis 15 cm hoch. Ihre Blätter erscheinen im Februar, die goldgelben Blüten von März bis Mai. Danach zieht sie sich zurück und überlebt den Rest des Jahres in ihren Knöllchen.
Pflege Humose, nährstoffreiche, immer leicht feuchte Erde im Balkonkasten ist super. Im Sommer darf es trockener sein. Abstand 20 cm.
Vermehrung Den Kalt- und Lichtkeimer im Oktober aussäen oder bei anderen Gartenbesitzern Pflanzen erfragen.
Ernte Nur die Blätter vor der Blüte.
Verwendung Als saftig-knackiges Grün in Salaten liefern die leicht scharfen Blätter im Frühling viel Vitamin C.

WIESEN-SCHAUMKRAUT — *Cardamine pratensis*

Wuchs Die 20 bis 30 cm hohe Staude blüht von April bis Juni hellviolett. Ihr Saft dient häufig als Nahrung für die Wiesen-Schaumzikade, deren Larven im Schaum am Stängel leben.
Pflege Die Pflanzen lieben kühles Wetter und feuchte, humose, nährstoffreiche Erde im Blumenkasten. Abstand 20 cm.
Vermehrung Aussaat im April/Mai.
Ernte Kresseartig schmeckende Blätter vor und zu Beginn der Blüte sowie die Samen.
Verwendung Junge Blätter und Blütenknospen sowie die pfeffrigen Samen schmecken im Salat oder auf Butterbrot. Die Pflanzen enthalten viel Vitamin C und regen Leber, Galle und Niere an.

SCHLÜSSELBLUME — *Primula veris*

Wuchs Die 20 cm hohen Stauden blühen im April/Mai mit duftenden, gelben Schlüsselblumen auf langen Stängeln.
Pflege Am Naturstandort behaupten sich die Pflanzen fast nur auf nährstoffarmen, meist kalkreichen Böden. Im Balkonkasten gedeihen sie auch in normaler Erde. Abstand 20 cm.
Vermehrung Wenn man den Kaltkeimer im Herbst draußen aussät, keimen die Samen im Frühling problemlos. Später säen sich die Pflanzen gerne selbst aus.
Ernte Blätter und Blüten sind essbar.
Verwendung Die Blüten sind eine süße Leckerei und eine wunderbare, aromatische Deko.

SCHNITTLAUCH
— *Allium schoenoprasum*

Wuchs Die bis zu 30 cm hohe Staude blüht rosaviolett von April bis Juni.
Pflege Balkonkästen mit nahrhafter, humoser, immer leicht feuchter Erde sind gut geeignet. Abstand 20 cm.
Vermehrung Im Frühling lassen sich die Pflanzen leicht teilen. Aussaat im April ist einfach, die Keimlinge wachsen langsam und blühen im ersten Jahr noch nicht.
Ernte Die ganze Pflanze ist essbar. Am mildesten sind die Blätter vor der Blüte. Für die Winterernte den Wurzelballen richtig durchfrieren lassen und etwa ab Weihnachten im Zimmer ans Fenster stellen.
Verwendung Frischer Schnittlauch schmeckt lecker auf Butterbrot oder Salat.

SILBERBLATT
— *Lunaria annua*

Wuchs Die bis zu 1 m hohe Ein- bis Zweijährige bildet im ersten Jahr oft nur Blätter, im zweiten Frühjahr erscheinen violette Blüten und danach große Samenschoten, die wie silbrige Taler (siehe S. 58) aussehen.
Pflege Lockere, nahrhafte, humusreiche, immer leicht feuchte Erde im Balkonkasten ist optimal. Die Samenstände brauchen Windschutz. Abstand 30 cm.
Vermehrung Man sät den Kaltkeimer im Oktober oder im Frühjahr. Später sät er sich selbst aus.
Ernte Die ganze Pflanze ist essbar, die scharfen Samen nur in kleinen Mengen!
Verwendung Junge Blätter oder Blüten schmecken in Salaten oder zu Gemüse.

TAUBEN-SKABIOSE
— *Scabiosa columbaria*

Wuchs Die 60 cm hohe Staude blüht von Juni bis August, oft auch bis Oktober hell-lila. Insekten lieben die Blüten.
Pflege Die Pflanze liebt Wärme und gedeiht in Balkonkästen mit lockerer, kalkhaltiger, kaum gedüngter Erde am besten. Trockenheit verträgt sie gut. Abstand 20 cm.
Vermehrung Der Lichtkeimer keimt schnell bei 20 °C. Im April/Mai klappt die Aussaat prima. Später samen sich die Pflanzen gern selbst aus.
Ernte Blüten und Blätter. Wenn man die Blüten regelmäßig erntet, bilden sich bis Oktober immer wieder neue.
Verwendung Ich verwende zarte Blätter und ausgezupfte Blüten in Salaten.

SOMMERPORTULAK
— *Portulaca oleracea*

Wuchs Die schnellwüchsige Einjährige wird etwa 30 cm hoch und öffnet ihre kleinen, gelben Blüten von Juni bis Oktober.
Pflege Warmer Platz in lockerer, humusreicher Erde im Balkonkasten. Verträgt Trockenheit, aber nur bei gleichbleibender Wasserversorgung bilden sich große Blätter. Abstand 10 bis 20 cm.
Vermehrung Lichtkeimer von Mai bis September aussäen. Versamt sich später.
Ernte Die ganze Pflanze ist essbar. Im Sommer knipst man ca. vier Wochen nach der Aussaat die Triebspitzen ab.
Verwendung Vor der Blüte schmecken die zarten, säuerlichen und leicht salzigen Triebspitzen im Salat.

SPITZWEGERICH
— *Plantago lanceolata*

Wuchs Die ca. 30 cm hohe Staude schiebt ihre weißlichen, länglichen Blütenköpfe von Mai bis September aus der Erde.
Pflege Spitzwegerich liebt nahrhafte, humose, lockere, immer leicht feuchte Erde im Balkonkasten. Abstand 20 cm.
Vermehrung Man sät Anfang April im Freien 1,5 cm tief.
Ernte Die ganze Pflanze ist essbar.
Verwendung Die jungen, kaum bitteren Blättchen schmecken in kleinen Mengen im Salat. Ältere, bittere, gerbstoffhaltige Blätter helfen zermatscht gegen Stiche und Schürfwunden, getrocknet für Hustentee. Frische Blüten schmecken nussig, leicht nach Champignon. Samen als Flohsamen.

ROTE SPORNBLUME
— *Centranthus ruber*

Wuchs Die kurzlebige, etwa 60 cm hohe, gern überhängende Staude bildet von Juni bis Oktober viele karminrosa Blüten.
Pflege Sie liebt Wärme und gedeiht in Balkonkästen mit durchlässiger, nicht zu nahrhafter Erde. Trockenheit verträgt sie recht gut, kalten Wind und starken Frost mag sie nicht. Rückschnitt von Verblühtem sorgt für neue Blüten. Abstand 30 cm.
Vermehrung Direktsaat im Mai (Lichtkeimer), sie sät sich auch gerne selbst aus.
Ernte Junge Blätter im Frühling, später Knospen, Blüten und Wurzeln.
Verwendung Junge Blätter schmecken in Salaten oder Gemüse, Blüten als Deko. Die Wurzel nutzte man früher wie Baldrian.

GROSSE STERNMIERE — *Stellaria holostea*

Wuchs Die ca. 30 cm hohe Staude blüht von April bis Juni mit vielen weißen Sternblüten. Wo freier Boden ist, bewurzeln ihre Triebknoten rasch. Hängt gern über den Topfrand.
Pflege Im Balkonkasten lieben die Pflanzen humusreiche, einigermaßen nährstoffreiche, leicht feuchte Erde. Kalk mögen sie nicht. Pflanzabstand 30 cm.
Vermehrung Entweder eine Jungpflanze kaufen oder den Lichtkeimer im April/Mai direkt aussäen.
Ernte Die ganze Pflanze ist essbar.
Verwendung Junge Blätter und Triebe schmecken leicht nach Spargel. Klein geschnitten passen sie in Salate und Gemüse.

THÜRINGER STRAUCHPAPPEL — *Lavatera thuringiaca*

Wuchs Die mannshohe Staude wächst erst ab dem dritten Jahr kräftig und blüht dann reichlich von Juli bis September in Hellrosa.
Pflege Die Pflanzen lieben es warm und trocken. Die Erde im Kübel sollte ausreichend feucht, nährstoffreich und gut durchlässig sein. Nach der Blüte ist ein Rückschnitt sinnvoll. Pflanzabstand 50 cm.
Vermehrung Pflanze kaufen oder im April 1 cm tief direkt in Töpfe säen. Versamt sich.
Ernte Die ganze Pflanze ist essbar.
Verwendung Im Frühling junge, zarte Blätter in Streifen geschnitten in Salate oder Gemüse geben. Die Blüten für Tee oder als Deko verwenden. Eine besondere Leckerei sind die zarten, noch grünen Samen.

STRAUSSENFARN
— *Matteuccia struthiopteris*

Wuchs Die große, trichterförmige Staude wird etwa 90 cm hoch. In der Natur stehen die Pflanzen unter Schutz.
Pflege Sie mag immer feuchte, nährstoffreiche Erde in einem ausreichend großen Kübel. Pflanzabstand 80 cm.
Vermehrung Die erste Pflanze kauft man. Sie lässt sich später teilen.
Ernte Man erntet im April die jungen, noch fest eingerollten Blätter, lässt aber die meisten zum Weiterwachsen stehen.
Verwendung Farnrollen (fiddleheads) müssen eine Viertelstunde kochen, bevor man sie essen kann. Nach dem Garen kann man sie in Butter anbraten. Sie schmecken spargelähnlich.

BRAUNROTE TAGLILIE
— *Hemerocallis fulva*

Wuchs Die 120 cm hohe Staude blüht im Juli/August orange. Sie verdrängt dabei zarte Pflanzen (große Kübel!).
Pflege Die Erde im Kübel sollte humos, nährstoffreich und gleichmäßig feucht sein. Die Pflanzen stehen gern jahrelang im selben Gefäß, brauchen aber regelmäßig Dünger. Pflanzabstand 30 cm.
Vermehrung Im Frühling sticht man Teile der Pflanze ab.
Ernte Die ganze Pflanze ist essbar, die Blätter jedoch nur in kleinen Mengen.
Verwendung Ich verwende vor allem die knackigen aromatischen Knospen und Blüten in Salaten und als Deko. Die jungen Wurzeln schmecken nussig.

GEFLECKTE TAUBNESSEL — *Lamium maculatum*

Wuchs Die 20 bis 60 cm hohe Staude blüht von April bis September rosa und wächst rasch durch Ausläufer in die Breite.
Pflege Sie liebt humose, nährstoffreiche, immer leicht feuchte Erde im Balkonkasten. Pflanzabstand 30 cm.
Vermehrung Pflanze kaufen. Eine Teilung oder die Abnahme von Ausläufern ist im Frühling oder Herbst leicht möglich. Die Aussaat ist kniffelig.
Ernte Die ganze Pflanze ist essbar.
Verwendung Ich verwende die jungen Blätter und Sprossspitzen als Salat und Gemüse, die Blüten in Salat oder Tee. Die Gelbe Taubnessel *(L. galeobdolon)* lässt sich genauso anbauen und verwenden.

GROSSBLÜTIGE TAUBNESSEL — *Lamium orvala*

Wuchs Die 40 bis 100 cm hohe, langsam wachsende Staude blüht im Mai altrosa.
Pflege Die Erde im windgeschützten Kübel sollte humos, nährstoffreich und immer leicht feucht sein. Falls die Pflanzen im Sommer auseinanderfallen, schneide ich sie zurück. Sie treiben dann neu. Braucht viel Platz.
Vermehrung Nach der Blüte schneide ich etwa 10 cm lange Kopfstecklinge, lasse sie im Wasserglas bewurzeln und pflanze sie dann ein. An optimalen Standorten sät sich der „Nesselkönig" selber aus, die Pflanzen brauchen aber lange, bis sie groß sind.
Ernte Die ganze Pflanze ist essbar.
Verwendung Man kann Blätter und Blüten wie die anderen *Lamium*-Arten verwenden.

ROTE TAUBNESSEL — *Lamium purpureum*

Wuchs Die 10 bis 30 cm hohe Einjährige bildet von März bis Oktober rosaviolette Blüten und dunkelrote Triebspitzen. Mit Ausläufern bedeckt sie rasch den Boden.
Pflege Die Pflanzen lieben humose, nährstoffreiche, immer leicht feuchte Erde im Balkonkasten. Abstand 20 cm.
Vermehrung Man sät den Kaltkeimer Ende August/Anfang September aus und lässt die Aussaaten über Winter draußen. Manche Samen keimen sofort, andere später. Wo die Pflanzen sich wohlfühlen, säen sie sich reichlich selbst aus.
Ernte Die ganze Pflanze ist essbar.
Verwendung Am liebsten verwende ich die Blüten als Deko für Salate, Quark, Desserts.

WEISSE TAUBNESSEL — *Lamium album*

Wuchs Die 30 bis 50 cm hohe Staude blüht von April bis Oktober weiß.
Pflege Sie liebt humose, nährstoffreiche, leicht feuchte Erde. Abstand 30 cm.
Vermehrung Im Herbst oder Frühling größere Pflanzen teilen oder bewurzelte Ausläufer abnehmen. Die Samen keimen bei einer Direktsaat im Oktober nach und nach.
Ernte Die ganze Pflanze ist essbar und schmeckt angenehm pilzig.
Verwendung Junge Triebspitzen landen bei mir den Sommer über in Salaten, Gemüse oder Smoothies. Aus den Blüten lutsche ich den süßen Nektar. Ihre Gerbstoffe wirken innerlich und äußerlich gegen leichte Entzündungen und schlecht heilende Wunden.

SCHWARZE TEUFELSKRALLE — *Phyteuma nigrum*

Wuchs Die bis zu 70 cm hohe, zierliche Staude blüht von Mai bis Juli dunkelviolett.
Pflege Sie liebt humose, kalkarme, immer leicht feuchte Erde mit mittlerem Nährstoffgehalt im Balkonkasten. Pflanzabstand 20 cm.
Vermehrung Lichtkeimer im Oktober aussäen, draußen schattig und kalt stehen lassen. Die Samen keimen langsam.
Ernte Die ganze Pflanze ist essbar.
Verwendung Ich verwende die sehr leckeren, milden Blätter, Knospen und Blüten in Salaten und Gemüse. Wenn ich genug habe, auch die zarten Wurzeln.
Weitere Art Die cremeweiße Ährige Teufelskralle *(Phytheuma spicatum)* kann man genauso verwenden.

ARZNEI-THYMIAN — *Thymus pulegioides*

Wuchs Der 20 cm hohe Halbstrauch blüht von Juni bis August rosa.
Pflege Er liebt lockere, steinig-sandige, nährstoffarme, saure oder kalkreiche Erde im Balkonkasten und verträgt Trockenheit und Wärme recht gut. Pflanzabstand 20 cm.
Vermehrung Aussaat und Teilung klappen im März/April. Unverholzte Kopfstecklinge bewurzeln am besten im Mai.
Ernte Bei Bedarf. Zum Trocknen schneidet man die Triebe während der Blütezeit.
Verwendung Blätter und Blüten verwende ich frisch oder getrocknet als verdauungsförderndes Gewürz. Zermahlen kommen sie mit ins Kräutersalz. Thymiantee trinke ich bei Husten und Bauchweh.

VOGELMIERE
— *Stellaria media*

Wuchs Das einjährige, etwa 10 cm hohe Kraut öffnet bei mildem Wetter fast ganzjährig seine weißen Blüten.
Pflege Ein Topf mit nährstoffreicher, humoser, immer leicht feuchter Erde reicht den Pflanzen für ihr schnelles Wachstum. Abstand 20 bis 30 cm.
Vermehrung Der Lichtkeimer keimt bei Temperaturen über 2 °C, wenn die Samen nah der Bodenoberfläche liegen.
Ernte Die ganze Pflanze ist essbar.
Verwendung Am besten schmecken die zarten, süßlichen Triebspitzen vor der Blüte roh im Salat oder gekocht. Sie liefern Mineralstoffe und Vitamine, fördern die Verdauung und lindern leichte Entzündungen.

WALDMEISTER
— *Galium odoratum*

Wuchs Die 20 cm hohe Staude bildet kleine weiße Blütensterne im Mai/Juni.
Pflege Sie mag humose, nährstoffreiche, immer leicht feuchte Erde im Balkonkasten. Pflanzabstand 20 cm.
Vermehrung Ausläufer wachsen leicht an. Die Aussaat des Kaltkeimers braucht Geduld. Man sät Anfang September 0,5 cm tief und überlässt ihn der Witterung.
Ernte Triebspitzen mit vier Blattkarussellen kurz vor der Blüte.
Verwendung Ich tauche angewelkte Triebspitzen in Wein, Saft oder Sprudel. Mehr als 3 g Waldmeister pro Liter können zu Kopfweh und Leberschäden führen. Ein Duftkissen sorgt für seligen Schlaf.

WEGWARTE — *Cichorium intybus* var. *intybus*

Wuchs Die 1 m hohe Staude öffnet ihre blauen Blüten von Juli bis September, nur vormittags bei sonnigem Wetter.
Pflege Die Pfahlwurzel gedeiht in einem großen Kübel mit sandig-lehmiger, nährstoffreicher Erde, am besten gemischt mit Kalkschotter. Sie liebt Wärme und im Sommer auch Trockenheit. Ein Rückschnitt fördert die Blütenneubildung. Pflanzabstand 30 cm.
Vermehrung Im Mai/Juni 2 cm tief säen.
Ernte Die ganze Pflanze ist essbar.
Verwendung Im April schmecken die zarten Blätter im Salat. Zur Blüte hin werden sie bitter. Die Blüten eignen sich als Deko. Der bittere Tee aus den Wurzeln (2 bis 3 Min. kochen) fördert die Verdauung.

SCHLANGEN-WIESENKNÖTERICH — *Bistorta officinalis*

Wuchs Die etwa 60 cm hohe Staude schiebt ihre rosa Blütenkerzen von Mai bis August.
Pflege Die Pflanze liebt Kübel mit nahrhafter, lockerer, immer leicht feuchter Erde. Ein Windschutz ist sinnvoll. Pflanzabstand 30 cm.
Vermehrung Am besten kauft man die erste Pflanze, denn die Aussaat im Herbst ist schwierig. Ältere Pflanzen lassen sich im Frühling oder Herbst teilen.
Ernte Blätter, Samen, Wurzeln.
Verwendung Junge, milde Blätter schmecken in Salaten oder als Gemüse. Die nussigen Samen knabbere ich roh. Die gerbstoffhaltige Wurzel wurde früher gegen Durchfälle und Blutungen genutzt.

GROSSER **WIESENKNOPF**
— *Sanguisorba officinalis*

Wuchs Die 30 bis 120 cm hohe Staude blüht im Juli dunkelrot. Für den Balkon eignen sich auch die niedrigen Zuchtsorten.
Pflege Sie liebt sehr feuchte, humose Erde. Je nährstoffreicher, desto größer wird sie. Nach einem Schnitt im Sommer blüht sie oft noch bis November. Pflanzabstand 40 cm.
Vermehrung Große Pflanzen kann man teilen. Geduldige säen im März/April 0,5 cm tief direkt in das Gefäß aus.
Ernte Die ganze Pflanze ist essbar. Zu Heilzwecken kurz vor der Blüte ernten.
Verwendung Im Frühling zaubern zarte Blätter ein Gurkenaroma in Salate. Das ältere Kraut wirkt als Saft oder Tee blutstillend, antibakteriell, entzündungshemmend.

KLEINER **WIESENKNOPF**
— *Sanguisorba minor*

Wuchs Die 20 bis 40 cm hohe Staude blüht von Mai bis August grünrot.
Pflege Im Balkonkasten verträgt sie normale Blumenerde. Wer die Blütenstängel regelmäßig wegschneidet, erntet mehr zarte Blätter. Pflanzabstand 25 cm.
Vermehrung Man sät im März/April 2 cm tief aus. Später versamen sich die Pflanzen, wenn sie dürfen.
Ernte Die ganze Pflanze ist essbar. Am besten schmecken die zarten Blätter. In milden Wintern kann man sie fast ganzjährig ernten.
Verwendung Die jungen Blätter schmecken nach Gurke – perfekt für Salate, Suppen, Kräuterbutter, Smoothies oder einfach pur auf einem Käsebrot.

☞ WEITERE WILDPFLANZEN ZUM GENIESSEN

NAME	LICHTBEDARF	LEBENSDAUER	BLÜTE
Alpen-Aster *Aster alpinus*	sonnig	mehrjährig	V–VI, violett, Bienenpflanze
Berg-Aster *Aster amellus*	sonnig	mehrjährig	VIII–X, blauviolett, Bienenpflanze
Goldhaar-Aster *Aster linosyris*	sonnig	mehrjährig	VIII–IX, gelb, Bienenpflanze
Barbarakraut, Winterkresse *Barbarea vulgaris*	sonnig bis halbschattig	zwei- bis mehrjährig	IV–VI, gelb Bienenpflanze
Bergminze, Steinquendel *Calamintha nepeta*	sonnig	mehrjährig	VII–IX, hellviolett, Bienenpflanze
Wiesen-Bocksbart *Tragopogon pratensis*	sonnig	zwei- bis mehrjährig	V–VII, gelb, Bienenpflanze
Brombeere *Rubus fruticosus*	sonnig bis halbschattig	mehrjährig (Gehölz)	VI–VII, weiß Bienenpflanze
Gamander-Ehrenpreis *Veronica chamaedrys*	sonnig bis halbschattig	mehrjährig	III–VII, blau
Färberkamille, Hundskamille *Anthemis tinctoria*	sonnig	mehrjährig	VI–IX, gelb, Bienenpflanze
Felsenbirne *Amelanchier ovalis*	sonnig bis halbschattig	mehrjährig (Gehölz)	IV–V, weiß, Bienenpflanze
Felsenblümchen *Draba aizoides*	sonnig	mehrjährig	II–V, gelb, Bienenpflanze
Ferkelkraut *Hypochearis radicata*	sonnig bis halbschattig	mehrjährig	V–IX, gelb, Bienenpflanze
Felsen-Fetthenne *Sedum rupestre*	sonnig bis halbschattig	mehrjährig	VII–VIII, gelb, Bienenpflanze
Purpur-Fetthenne *Sedum telephium*	sonnig	mehrjährig	VII–IX, rosa, Bienenpflanze
Gänse-Fingerkraut *Potentilla anserina*	sonnig bis halbschattig	mehrjährig	V–VIII, gelb, Bienenpflanze
Frauenspiegel *Legousia speculum-veneris*	sonnig	einjährig	VI–VIII, lila, Bienenpflanze
Rundblättrige Glockenblume *Campanula rotundifolia*	sonnig	mehrjährig	V–X, blau, Bienenpflanze
Wiesen-Glockenblume *Campanula patula*	sonnig	zweijährig	V–VII, blau, Bienenpflanze
Genfer Günsel *Ajuga genevensis*	sonnig	mehrjährig	IV–VII blau, Bienenpflanze
Kleines Habichtskraut *Hieracium pilosella*	sonnig	mehrjährig	V–X, gelb, Bienenpflanze
Orangefarbenes Habichtskraut *Hieracium aurantiacum*	sonnig	mehrjährig	VI–VIII, orange, Bienenpflanze
Hauswurz *Sempervivum tectorum*	sonnig	mehrjährig	VI–VII, rosa, Bienenpflanze

HÖHE / PFLANZABSTAND	GEFÄSS	ERDE	VERWENDUNG
20 / 15 cm	Balkonkasten	trocken bis feucht, normaler Nährstoffgehalt	Würzpflanze, Blüten als Deko
40 / 40 cm	Kübel	trocken, normaler Nährstoffgehalt, kalkreich	Würzpflanze, Blüten als Deko
50 / 30 cm	Balkonkasten	trocken, normaler Nährstoffgehalt	Würzpflanze, Blüten als Deko
80 / 20 cm	Balkonkasten	feucht, nährstoffreich	Würzpflanze
35 / 35 cm	Topf	trocken, nährstoffarm	Duft-, Würz- und Teepflanze
50 / 20 cm	Balkonkasten	weder zu feucht noch zu trocken, nährstoffreich	Salat und Gemüse
200 / 80 cm	Kübel	weder zu feucht noch zu trocken, nährstoffreich	Früchte
30 / 20 cm	Balkonkasten	weder zu feucht noch zu trocken, nährstoffreich	Würzpflanze, Blüten als Deko
50 / 40 cm	Balkonkasten	trocken, nährstoffarm	Duft-, Würz- und Färbepflanze
300/100 cm	Kübel	weder zu feucht noch zu trocken, normaler Nährstoffgehalt	Früchte
10 / 15 cm	Topf	trocken, nährstoffarm	Würzpflanze, Blüten als Deko
40 / 15 cm	Topf	weder zu feucht noch zu trocken, nährstoffarm	Salat und Gemüse
25 / 25 cm	Topf	trocken, nährstoffarm	Salat und Gemüse
60 / 30 cm	Kübel	trocken, nährstoffarm bis mittlerer Nährstoffgehalt	Salat und Gemüse
10 / 30 cm	Topf	weder zu feucht noch zu trocken, nährstoffreich	Salat und Gemüse, Tee- und Heilpflanze
30 / 15 cm	Topf	weder zu feucht noch zu trocken, mittlerer Nährstoffgehalt, kalkreich	Salat und Gemüse
20 / 30 cm	Topf	weder zu feucht noch zu trocken, nährstoffarm, sauer	Salat und Gemüse, Blüten als Deko
60 / 20 cm	Balkonkasten	weder zu feucht noch zu trocken, nährstoffarm bis mittlerer Nährstoffbedarf	Salat und Gemüse, Blüten als Deko
20 / 12 cm	Topf	trocken, nährstoffarm, kalkreich	Würzpflanze
20 / 15 cm	Topf	trocken, nährstoffarm, sauer	Würz- und Heilpflanze
30 / 20 cm	Balkonkasten	trocken, nährstoffarm	Blüten als Deko
25 / 20 cm	Topf	trocken, nährstoffarm	Würz- und Heilpflanze

NAME	LICHTBEDARF	LEBENSDAUER	BLÜTE
Hederich *Raphanus raphanistrum*	sonnig	einjährig	VI–VIII, weiß bis gelb, Bienenpflanze
Lauch-Hellerkraut *Thlaspi alliaceum*	sonnig	einjährig	IV–VI, weiß, Bienenpflanze
Himbeere *Rubus idaeus*	sonnig bis halbschattig	mehrjährig (Gehölz)	V–VII, weiß, Bienenpflanze
Hirtentäschel *Capsella bursa-pastoris*	sonnig bis halbschattig	ein- bis zweijährig	II–IX, weiß, Bienenpflanze
Hopfen *Humulus lupulus*	sonnig bis schattig	mehrjährig	VI–VIII, gelb
Rote Johannisbeere *Ribes rubrum*	sonnig bis halbschattig	mehrjährig (Gehölz)	IV–V, weiß, Bienenpflanze
Schwarze Johannisbeere *Ribes nigrum*	sonnig bis halbschattig	mehrjährig (Gehölz)	IV–V, weiß, Bienenpflanze
Tüpfel-Johanniskraut *Hypericum perforatum*	sonnig bis halbschattig	mehrjährig	VI–VII, gelb, Bienenpflanze
Echte Kamille *Matricaria recutica*	sonnig	einjährig	V–VII, gelbweiß
Wiesen-Kerbel *Anthriscus sylvestris*	sonnig bis halbschattig	zwei- bis mehrjährig	V–VII, weiß, Bienenpflanze
Klatschmohn *Papaver rhoeas*	sonnig	einjährig	V–VII, rot, Bienenpflanze
Kornblume *Centaurea cyanus*	sonnig	einjährig	VI–X, blau, Bienenpflanze
Feld-Kresse *Lepidium campestre*	sonnig	ein- bis zweijährig	V–VII, weiß, Bienenpflanze
Kümmel *Carum carvi*	sonnig	zwei- bis mehrjährig	V–VII, weiß, Bienenpflanze
Ausdauernder Lauch *Allium senescens*	sonnig	mehrjährig	VII–VIII, rosa, Bienenpflanze
Gekielter Lauch *Allium carinatum*	sonnig	mehrjährig	VI–VIII, rosa, Bienenpflanze
Gemüse-Lauch *Allium oleraceum*	sonnig bis halbschattig	mehrjährig	VII–VIII, rosa, Bienenpflanze
Kugel-Lauch *Allium sphaerocephalon*	sonnig	mehrjährig	VI–VII lila Bienenpflanze
Schlangen-Lauch *Allium scorodoprasum*	sonnig bis halbschattig	mehrjährig	V–VI, lila, Bienenpflanze
Taubenkropf-Leimkraut *Silene vulgaris*	sonnig	mehrjährig	VII–VIII weiß, Bienenpflanze
Leinkraut *Linaria vulgaris*	sonnig bis halbschattig	mehrjährig	VI–IX, gelb, Bienenpflanze
Löffelkraut *Cochlearia officinalis*	sonnig bis schattig	zweijährig	V–VI, weiß, Bienenpflanze
Knolliges Mädesüß *Filipendula vulgaris*	sonnig	mehrjährig	V–VII, weiß, Bienenpflanze
Acker-Minze *Mentha arvensis*	sonnig bis halbschattig	mehrjährig	VI–X, violett, Bienenpflanze

HÖHE/PFLANZABSTAND	GEFÄSS	ERDE	VERWENDUNG
60/15 cm	Balkonkasten	weder zu feucht noch zu trocken, nährstoffreich, sauer	Salat und Gemüse, Würz- und Heilpflanze
50/20 cm	Topf	weder zu feucht noch zu trocken, nährstoffreich	Salat und Gemüse, Würzpflanze
150/40 cm	Kübel	weder zu feucht noch zu trocken, nährstoffreich	Teepflanze, Früchte
60/15 cm	Topf	weder zu feucht noch zu trocken, nährstoffreich	Salat und Gemüse, Würz-, Tee- und Heilpflanze
400/80 cm	Kübel	feucht, nährstoffreich	Würz-, Tee- und Heilpflanze
150/120 cm	Kübel	feucht, nährstoffreich	Früchte
150/120 cm	Kübel	feucht, nährstoffreich	Früchte
60/35 cm	Balkonkasten	weder zu feucht noch zu trocken, nährstoffarm bis mittlerer Nährstoffgehalt	Tee- und Heilpflanze
40/10 cm	Topf	weder zu feucht noch zu trocken, mittlerer Nährstoffgehalt	Salat und Gemüse, Würz- und Heilpflanze
100/50 cm	Kübel	feucht, nährstoffreich	Salat und Gemüse, Würzpflanze
80/20 cm	Balkonkasten	weder zu feucht noch zu trocken, mittlerer Nährstoffgehalt	Blüten und Samen als Deko
80/20 cm	Balkonkasten	weder zu feucht noch zu trocken, mittlerer Nährstoffgehalt	Blüten als Deko
50/15 cm	Topf	weder zu feucht noch zu trocken, nährstoffarm	Würzpflanze
60/20 cm	Balkonkasten	feucht, mittlerer Nährstoffgehalt bis nährstoffreich	Salat und Gemüse, Würz- und Heilpflanze
30/7 cm	Balkonkasten	trrocken, nährstoffarm	Würzpflanze
30/7 cm	Topf	trocken, nährstoffarm, kalkreich	Würzpflanze
40/10 cm	Topf	trocken, nährstoffarm, kalkreich	Würzpflanze
60/10 cm	Balkonkasten	trocken, nährstoffarm, kalkreich	Würzpflanze
80/10 cm	Topf	feucht, nährstoffreich	Würzpflanze
50/30 cm	Balkonkasten	weder zu feucht noch zu trocken, nährstoffarm	Salat und Gemüse (Stridolo), Duftpflanze
60/30 cm	Balkonkasten	trocken, nährstoffarm	Heilpflanze
20/15 cm	Topf	feucht, nähstoffarm	Salat und Gemüse, Würzpflanze
80/30 cm	Balkonkasten	trocken, nährstoffarm, kalkreich	Duft-, Würz-, Tee- und Heilpflanze
30/30 cm	Balkonkasten	feucht, nährstoffreich	Würz-, Tee- und Heilpflanze

NAME	LICHTBEDARF	LEBENSDAUER	BLÜTE
Natternkopf *Echium vulgare*	sonnig	zweijährig	V–VIII, blau, Bienenpflanze
Heide-Nelke *Dianthus deltoides*	sonnig	mehrjährig	VI–VIII, rosarot, Bienenpflanze
Kartäuser-Nelke *Dianthus carthusianorum*	sonnig	mehrjährig	VI–IX, rosarot, Bienenpflanze
Pfingst-Nelke *Dianthus gratianopolitanus*	sonnig	mehrjährig	V–VI, rosa, Bienenpflanze
Pracht-Nelke *Dianthus superbus*	sonnig bis halbschattig	mehrjährig	VI–IX, rosa, Bienenpflanze
Sand-Nelke *Dianthus arenarius*	sonnig	mehrjährig	VI–IX, weiß, Bienenpflanze
Pfeilkresse *Cardaria draba*	sonnig bis halbschattig	mehrjährig	V–VII, weiß, Bienenpflanze
Pfennigkraut *Lysimachia nummularia*	halbschattig	mehrjährig	V–VII, gelb, Bienenpflanze
Bitteres Schaumkraut *Cardamine amara*	halbschattig	mehrjährig	IV–VI, weiß, Bienenpflanze
Knotenblütiger Sellerie *Apium nodiflorum*	sonnig	mehrjährig	VII–IX, weiß, Bienenpflanze
Gelbe Skabiose *Scabiosa ochroleuca*	sonnig	zwei- bis mehrjährig	VIII, hellgelb, Bienenpflanze
Graue Skabiose *Scabiosa canescens*	sonnig	mehrjährig	VII–IX, violett, Bienenpflanze
Acker-Stiefmütterchen *Viola arvensis*	sonnig	einjährig	IV–X, gelb, Bienenpflanze
Blutroter Storchschnabel *Geranium sanguineum*	sonnig bis halbschattig	mehrjährig	VI–IX, violett, Bienenpflanze
Stinkender Storchschnabel *Geranium robertianum*	halbschattig bis schattig	ein- bis zweijährig	IV–IX, rosa, Bienenpflanze
Wald-Storchschnabel *Geranium sylvaticum*	halbschattig	mehrjährig	V–VIII, blau, Bienenpflanze
Wiesen-Storchschnabel *Geranium pratense*	sonnig	mehrjährig	VI, blauviolett, Bienenpflanze
Wald-Vergissmeinnicht *Myosotis sylvatica*	sonnig bis halbschattig	zwei- bis mehrjährig	IV–VII, hellblau, Bienenpflanze
Vogelknöterich *Polygonum aviculare*	sonnig	einjährig	V–X, rosa
Wirbeldost *Clinopodium vulgare*	sonnig bis halbschattig	mehrjährig	VII–X, pink, Bienenpflanze
Saat-Wucherblume *Glebionis segetum*	sonnig	einjährig	VII–X, gelb, Bienenpflanze
Heil-Ziest *Stachys officinalis*	sonnig bis halbschattig	mehrjährig	VII–VIII, lila, Bienenpflanze
Wald-Ziest *Stachys sylvatica*	halbschattig bis schattig	mehrjährig	VI–IX, altrosa, Bienenpflanze
Zitronenmelisse *Melissa officinalis*	sonnig bis halbschattig	mehrjährig	VI–VII, weißlich, Bienenpflanze

HÖHE/PFLANZABSTAND	GEFÄSS	ERDE	VERWENDUNG
80/30 cm	Balkonkasten	eher trocken, nährstoffarm	Salat und Gemüse, Blüten als Deko
15/20 cm	Topf	trocken, nährstoffarm, sauer	Duftpflanze, Blüten als Deko
50/30 cm	Balkonkasten	trocken, nährstoffarm, kalkreich	Duftpflanze, Blüten als Deko
20/25 cm	Topf	trocken, nährstoffarm, kalkreich	Duftpflanze, Blüten als Deko
60/30 cm	Balkonkasten	feucht, nährstoffarm, kalkreich	Duftpflanze, Blüten als Deko
25/10 cm	Topf	trocken, nährstoffarm	Duftpflanze, Blüten als Deko
60/25 cm	Balkonkasten	weder zu feucht noch zu trocken, nährstoffreich	Würzpflanze
10/30 cm	Balkonkasten	feucht, mittlerer Nährstoffgehalt	Salat und Gemüse
30/20 cm	Topf	feucht, nährstoffreich	Salat und Gemüse, Würzpflanze
60/30 cm	Balkonkasten	sehr feucht, nährstoffreich	Salat und Gemüse, Würzpflanze
50/30 cm	Balkonkasten	trocken, nährstoffarm, kalkreich	Salat und Gemüse, Blüten als Deko
40/25 cm	Balkonkasten	trocken, nährstoffarm, kalkreich	Salat und Gemüse, Blüten als Deko
20/10 cm	Topf	trocken, nährstoffarm bis -reich	Heilpflanze
40/40 cm	Kübel	weder zu feucht noch zu trocken, nährstoffarm bis -reich	Würzpflanze, Blüten als Deko
30/25 cm	Balkonkasten	weder zu feucht noch zu trocken, nährstoffreich	Würz- und Heilpflanze
70/40 cm	Kübel	feucht, nährstoffreich	Würzpflanze, Blüten als Deko
50/35 cm	Kübel	feucht, nährstoffreich	Salat und Gemüse, Würzpflanze, Blüten als Deko
30/20 cm	Topf	feucht, nährstoffreich	Blüten als Deko
5/15 cm	Topf	trocken, nährstoffreich	Salat und Gemüse, Tee- und Heilpflanze
30/20 cm	Balkonkasten	weder zu feucht noch zu trocken, nährstoffarm	Würz- und Teepflanze, Blüten als Deko
50/25 cm	Balkonkasten	neutral bis feucht, nährstoffreich, sauer	Würzpflanze, Randblüten als Deko
30/25 cm	Balkonkasten	weder zu feucht noch zu trocken, mittlerer Nährstoffbedarf	Würz-, Tee- und Heilpflanze
60/20 cm	Kübel	feucht, nährstoffreich	Würz-, Tee- und Heilpflanze
70/30 cm	Balkonkasten	neutral bis trocken, mittlerer Nährstoffbedarf	Duft-, Würz-, Tee- und Heilpflanze

SERVICE

ZUM STÖBERN UND WEITERLESEN

Bücher

Beiser, Rudi: **Unsere essbaren Wildpflanzen.** Kosmos-Naturführer. Bestimmen, sammeln, zubereiten und genießen. Kosmos

Bergmann, Heide: **Wildkräuter aus Topf und Garten.** Ulmer

Fleischhauer, Guthmann, Spiegelberger: **Enzyklopädie Essbare Wildpflanzen.** AT Verlag

Keller, Nina: **Wildblumen für Balkon und Terrasse.** GU

Kern, Simone: **Wilde Kübel.** Unkompliziert, naturnah, insektenfreundlich. Kosmos

Oftring. Bärbel: **Wird das was oder kann das weg?** Erwünschte und unerwünschte Gartenpflanzen erkennen. Kosmos

Schattling, Birgit: **Mein Biotop auf dem Balkon.** GU

Staffler, Martin: **Vertikal Gärtnern.** Grüne Ideen für klein Gärten, Balkon & Terrasse. Kosmos

Stumpf, Ursula: **Unsere Heilkräuter.** Bestimmen & anwenden. Kosmos

Treml, Franz-Xaver: **Kräuter aus dem Garten.** KOSMOS-Pflanzenführer. Anbau, Pflege & Verwendung. Kosmos

Witt, Reinhard: **Das Wildpflanzen-Topfbuch.** Verlag Dr. Reinhard Witt

Homepages

www.bio-balkon.de

www.unkrautgourmet.blogspot.com/p/blog-page.html

www.wildermeter.de

www.kostbarenatur.net

BEZUGSQUELLEN FÜR HEIMISCHE WILDPFLANZEN

www.baumschule-horstmann.de

www.gaertnerei-strickler.de

www.gaissmayer.de

www.hof-berggarten.de

www.kraeuter-und-duftpflanzen.de

www.lichtnelke.de

www.naturgartenwelt.de

www.stauden-spatzundfrank.de

www.stauden-stade.de

www.syringa-pflanzen.de

www.templiner-kraeutergarten.de

www.zauberstaude.de

REGISTER

BILDNACHWEIS

Mit 189 Farbfotos von
Flora Press (27): /BIOSPHOTO/Frederic Tournay: 88 u.; /BIOSPHOTO/Jean-Yves Grospas: 60 Mi.; /BIOSPHOTO/NouN: 29; /Botanical Images: 107 u.; /Christine Ann Föll: Innenklappe vorn o.li.; 86 u.; /Flowerphotos/Carol Sharp: 95 u., 115 u.; /Flowerphotos/NouN: 82 o.; /FLPA Images of Nature: 63 Mi.re.; /Frédéric Tournay: 112 o.; /GWI/Steffen Hauser: 10 li.; /Joanna Kossak: 93 u.; /Liz Eddison: 105 u., 88 o.; /Martin Hughes-Jones: 87 o., 100 o.; /Nature In Stock/André Gilden: 82 u.; /Nature In Stock/Karin Rothman: 104 o.; /Otmar Diez: 30 re., 34 o., 91 o.; /Royal Horticultural Society: 28 li.; /Sibylle Pietrek: 80 o.; /Teubner Foodfoto: 77 Mi.; /Visions: 24 re., 106 o.; **GAP Photos (4):** /Janet Johnson: 104 u.; /Joanna Kossak: 85 o.; /Richard Bloom; 98 o.; /Robert Mabic: 25; **Ortrud Grieb (35)**: 13 Mi.; 14 (alle 4); 15 (alle 4); 16 u.; 17 li.; 18/19; 21 (alle 3); 21 M.; 21 re.; 27 (alle 3); 28 re.; 49 Mi.re.; 58/59 o.Mi.; 59; 70/71 o.Mi.; 72 li.; 74; 77 o.; 77 u.; 80 u.; 81 o.; 89 u.; 102 u.; 109 u.; 111 o.; 111 u.; 114 u.; **Naturfoto Hecker (34):** /Frank Hecker: Außenklappe vorn, Innenklappe vorn u.li., Mi.re., u.re; 6/7; 24 li.; 30 li.; 31; 33 Mi.re.; 34 u.; 35 Mi.; 35 u.; 49 u.re.; 56 u.re.; 57 o.; 60 u.; 63 u.re.; 67; 71; 73; 75 Mi.; 75 u.re.; 81 u.; 84 o.; 89 o.; 94 o. 99 o.; 99 u.; 102 o.; 103 o.; 107 o.; 110 u.; 112 u.; 113 o.; / Heiko Bellmann: 85 u.; 100 u.; 108 o.; **Carolin Küßner (1):** 10 re.; **Dirk Mann (2):** 101 o.; 109 o.; **Mauritius images (1):** / Alamy Stock Photos/Organica: 55 o.re.; **Shutterstock (41):** /Alexander62: 113 u.; /Amy Johansson: 95 o.; /Bunda Nada: 86 o.; / Burkhard Trautsch: 70; /Chamois huntress: 56 Mi.re.; /Digihelion: 58 li.; /Digoarpi: 97 u.; /Elena Masiutkina: 40 li.; /EQRoy: 96 o.; /Flower Garden: 94 u.; /Greens and Blues: 115 o.; /HartmutMorgenthal: 41 o.; /Holger Kirk: 92 o.; I'm from Ukraine: Innenklappe vorn o.re.; /Impact Photography: 110 o.; /Jody.: 101 u.; /Julia Reschke: 4; /Khun Ta: 90 o.; /Konrad Weiss: 97 o.; /Kylbabka: 84 u.; /Light and Vision: 16 Mi.; /Lipatova Maryna: 68 li.; /Mala Iryna: 8 li.; /Malgorzata WI: 114 o.; /Martin Fowler: 92 u.; 93 o.; / Miroslav Hlavko: 83 o.; /Mr. Meijer: 72 re.; /Nick Pecker: 108 u.; /Nitr: 39 Mi.re.; /Ole Schoener: 96 u.; /Oleksandr Filatov: 47 o.; / Orest lyzhechka: 103 u.; /Pelagija105 o.; /Ruth Swan: 106 u.; /Shulevskyy Volodymyr: 46 Mi.; /Tom Meaker: 98 u.; /Vankich1: 91 u.; /visionteller: 58 re.; /Wirestock Creators: 24 Mi.; /Matauw: 90 u.; **Gartenbildagentur Strauß (3):** /Friedrich Strauß: 33 li.; 33 o.re.; 66; **Annette Timmermann (38):** 2; 8 re.; 13 o.; 13 u.; 17 re.; 22 o.; 22 Mi.; 23; 36/37; 39 li.; 39 o.re.; 40 re.; 41 u.; 43 o.; 43 Mi.; 43 u.; 44; 45; 46 u.; 47 u.; 49 o.li.; 50; 51; 52; 53; 55 li.; 55 Mi.re.; 57 u.; 63 li.; 64; 65; 68 re.; 69 li.; 69 re.; 78/79; 83 u.; 87 u.; 128.

IMPRESSUM

Umschlaggestaltung von Claudia Eder, Schönburg, unter Verwendung von 2 Farbfotos von Annette Timmermann.

Mit 189 Farbfotos.

Alle Angaben in diesem Buch sind sorgfältig geprüft und geben den neuesten Wissensstand bei der Veröffentlichung wieder. Da sich das Wissen aber laufend in rascher Folge weiterentwickelt und vergrößert, muss jeder Anwender prüfen, ob die Angaben nicht durch neuere Erkenntnisse überholt sind. Dazu muss er zum Beispiel Beipackzettel zu Dünge-, Pflanzenschutz- bzw. Pflanzenpflegemitteln lesen und genau befolgen sowie Gebrauchsanweisungen und Gesetze beachten. Die Blütenfarben sind sortenabhängig, daher können auch Farben auf dem Markt sein, die im Buch nicht genannt werden. Die Blütezeiten sind ebenfalls sortenabhängig, aber auch klima- und standortabhängig. Die angegebenen Wuchshöhen und -breiten der Pflanzen sind Mittelwerte. Sie können je nach Nährstoffgehalt des Bodens variieren. Verschiedene Sorten können deutlich größer oder auch kleiner wachsen als die Art.

Unser gesamtes Programm finden Sie unter **kosmos.de.** Über Neuigkeiten informieren Sie regelmäßig unsere Newsletter, einfach anmelden unter **kosmos.de/newsletter**

print 4 climate®
klimapositiv gedruckt

Gedruckt nach der Richtlinie „Druckerzeugnisse" des Österreichischen Umweltzeichens. gugler*print, Melk, UWZ-Nr. 609, www.gugler.at

PurePrint®
innovated by gugler* DruckSinn
Gesund. Rückstandsfrei. Klimapositiv.
drucksinn.at

Gedruckt auf umweltfreundlichem Papier, klimaneutral hergestellt.

ISBN 978-3-440-17380-0

Projektleitung: Carolin Küßner
Redaktion: Carolin Küßner
Bildredaktion: Carolin Küßner
Gestaltungskonzept: Peter Schmidt Group GmbH, Hamburg
Gestaltung und Satz: Katrin Kleinschrot, Stuttgart
Produktion: Klaus Jost
Druck und Bindung: Gugler GmbH, A-Melk/Donau
Printed in Austria / Imprimé en Autriche

DURCHSETZUNGSFREUDIGE WUCHERER, DIE AUF DAUER EINEN KÜBEL FÜR SICH BRAUCHEN

- **Beinwell**
- **Brennnessel**
- **Eibisch**
- **Giersch**
- Acker-**Glockenblume**
- **Hauswurz** (steht besser allein, weil sie leicht überwuchert wird)
- Ährige **Minze**
- **Rotklee**
- **Straußenfarn**
- Braunrote **Taglilie**
- Gefleckte und Großblütige **Taubnessel**
- Thüringer **Strauchpappel**
- **Wegwarte**